JAMES GUILLAUME

KARL MARX

PANGERMANISTE

et

L'Association Internationale des Travailleurs
de 1864 à 1870

LIBRAIRIE ARMAND COLIN

103, Boulevard Saint-Michel, Paris

KARL MARX

PANGERMANISTE

et l'Association Internationale des Travailleurs
de 1864 à 1870

JAMES GUILLAUME

KARL MARX
PANGERMANISTE

et

L'Association Internationale des Travailleurs
de 1864 à 1870

LIBRAIRIE ARMAND COLIN
103, BOULEVARD SAINT-MICHEL, PARIS

1915

AVERTISSEMENT

Les pages qui suivent ont été écrites *avant
la guerre*, dans le courant de juin et juillet 1914.
Elles devaient servir d'*Introduction historique*
à la réimpression, en un volume, des comptes
rendus des trois célèbres procès de l'Internationale Parisienne : mars-avril 1868, mai-juin
1868, juin-juillet 1870 (1).

L'exécution de cette réimpression, projetée
pour commémorer le cinquantième anniversaire
de la fondation de l'Association Internationale

(1) Voici les titres des deux volumes qui renferment ces
comptes rendus :

I. *Procès de l'Association Internationale des Travailleurs,
Bureau de Paris*. Paris, A. Le Chevalier, libraire-éditeur,
60, rue de Richelieu, 1868. Un vol. in-8° de 152 pages.

I *bis. Procès de l'Association Internationale des Travailleurs, Première et deuxième Commission du Bureau de Paris.
Suivis des statuts et règlement de l'Association*. Deuxième
édition, publiée par la Commission de propagande du Conseil
fédéral parisien de l'Association Internationale des Travailleurs. Paris, dans les locaux de l'Association, juillet 1870. Un
vol. in-12 de 216 pages. Prix : 1 franc.

II. *Les grands procès politiques. Troisième procès de l'Association Internationale des Travailleurs à Paris*. Paris,
Armand Le Chevalier, éditeur, 60, rue de Richelieu, juillet
1870. Un vol. in-12 de 244 pages. Prix : 1 fr. 50.

des Travailleurs, a été empêchée par les événements. Elle pourra se faire plus tard : ce sera une utile contribution à la connaissance de l'histoire si agitée des cinq dernières années du second Empire. Mais nous imprimons, en attendant, sous un titre qui les rattache aux événements de l'heure présente, — *Karl Marx, pangermaniste,* — les pages qui devaient former l'*Introduction historique*. Elles apportent au public des renseignements très utiles à connaître, et des documents de la plus haute importance, dont la plupart seront, pour les lecteurs, une véritable révélation.

De ces pages ressortent, avec une lumineuse évidence, les deux conclusions que voici :

1° Il n'est pas vrai que l'Internationale ait été la création de Karl Marx. Celui-ci est resté complètement étranger aux travaux préparatoires qui eurent lieu de 1862 à septembre 1864. Il s'est joint à l'Internationale au moment où l'initiative des ouvriers anglais et français venait de la créer. Comme le coucou, il est venu pondre son œuf dans un nid qui n'était pas le sien. Son dessein a été, dès le premier jour, de faire de la grande organisation ouvrière l'instrument de ses vues personnelles. Ne la trouvant pas, en France, assez docile à son gré, il n'a cessé, de 1865 à 1870, de montrer de la malveillance à l'égard des ouvriers français (des *crapauds,* comme Engels et lui s'amusent à les appeler dans leurs lettres intimes), et de les poursuivre de son dénigrement et de ses sarcasmes. En 1866, il bafoue les délégués des ouvriers de Paris, qui appartiennent, dit-il, à la « vieille ordure » ; en 1867, il complote pour « donner le coup de grâce » aux militants parisiens l'année suivante, à Bruxelles ; en 1868, il se félicite que les juges de l'Empire aient mis sous les verrous les membres de la Commission parisienne ; en 1870, à la nouvelle de la proclamation de la République et à la réception de l'Appel au peuple allemand lancé par l'Internationale parisienne, Engels et lui se répandent en injures contre « les imbéciles de Paris et leur ridicule manifeste », contre la « vieille infatuation française » ; Engels répète ce que Marx lui avait déjà écrit le 20 juillet, que « les Français ont besoin d'être rossés » ;

2º Dès sa constitution sous l'inspiration de Marx, la *Sozial-Demokratie* allemande a été un parti *impérialiste*, c'est-à-dire visant à la fondation d'une Allemagne centralisée, fût-ce par le militarisme prussien, et voyant en Bismarck un collaborateur qu'il fallait se résigner à subir. En 1870, Marx et Engels, patriotes allemands avant tout, ont applaudi aux victoires des armées allemandes, parce qu'elles devaient assurer « la prépondérance du prolétariat allemand sur le prolétariat français », et qu'elles « transféraient de France en Allemagne le centre de gravité du mouvement ouvrier européen ». Et ils ont abusé alors de leur situation pour essayer, au nom du Conseil général de l'Internationale, *de dissuader le prolétariat français de lutter contre les envahisseurs :* il faudrait, écrivait Engels à Marx le 12 septembre, « si on pouvait avoir quelque influence à Paris, empêcher les ouvriers de bouger jusqu'à la paix ». Leur attitude, à ce moment, a été une véritable *trahison* envers l'Internationale au profit des intérêts pangermaniques.

Ce sont là des choses qu'il est nécessaire de faire connaître à tous les républicains, socialistes ou non, de France et d'ailleurs.

Les passages de lettres de Marx et d'Engels cités dans le présent opuscule ont été traduits en français par l'auteur. Ils sont presque tous extraits de la *Correspondance de Marx et d'Engels* récemment publiée à Stuttgart en quatre gros volumes, chez l'éditeur Dietz. Pour ceux-là seulement qui sont tirés d'autres recueils de lettres, la source a été spécialement indiquée.

KARL MARX, PANGERMANISTE

ET

L'ASSOCIATION INTERNATIONALE DES TRAVAILLEURS

(De 1864 à 1870)

I

Préliminaires (1862–1864).
Meeting du 28 septembre 1864. — Statuts.

L'Exposition universelle de Londres, en 1862, fut l'occasion d'un échange d'idées et de projets entre les ouvriers français et les ouvriers anglais. Une délégation ouvrière, composée de deux cents ouvriers élus par leurs collègues des ateliers de Paris, avait été envoyée à Londres, aux frais du gouvernement, pour étudier l'Exposition et rédiger des rapports techniques. Dans une grande fête offerte, le 5 août 1862, par des représentants des trades-unionistes anglais aux envoyés des travailleurs de France, les Anglais lurent une adresse exprimant le vœu d'un rapprochement entre les ouvriers des différentes nations. « Espérons — disait l'adresse — que nous trouverons quelque moyen international de communication, et que chaque jour verra se former un nouvel

1

anneau de la chaîne d'amitié qui doit unir les travailleurs de tous les pays. » Les ouvriers français présents répondirent à ce vœu en proposant « que des comités ouvriers fussent établis pour l'échange de correspondances sur les questions internationales d'industrie » : cette idée fut acclamée par toute l'assemblée.

L'année suivante (1863), l'insurrection polonaise éveille les plus vives sympathies dans la classe ouvrière, tant en Angleterre qu'en France. Les ouvriers de Londres organisent un grand meeting en faveur de la Pologne, pour le 22 juillet, et invitent les Parisiens à y envoyer des délégués : six ouvriers de Paris se rendent à cette réunion, où une adresse enthousiaste est votée. Dans un second meeting, le trade-unioniste Odger, après avoir parlé de la paix universelle, demande que les ouvriers organisent des congrès internationaux pour s'entendre sur les moyens de mener la lutte contre le capitalisme, et d'empêcher l'introduction, d'un pays à l'autre, d'une main-d'œuvre non organisée qui fait baisser les salaires. L'idée lancée l'année précédente se précisait. Encore un an, elle allait prendre corps.

L'année 1864 voit le mouvement grandir au sein des classes ouvrières des deux pays. Tandis qu'en Allemagne la propagande socialiste nationale, commencée par Ferdinand Lassalle en 1862, est brusquement interrompue par la mort tragique de ce militant, tué en duel pour une cause futile (août 1864), la France et l'Angleterre vont constituer une organisation internationale prolétarienne. En Angleterre (avril), une réception enthousiaste est faite à Garibaldi par les trades-unionistes, qui manifestent également leurs sympathies pour les fédéraux de l'Amérique du Nord, en guerre contre les esclavagistes du Sud. En France (mai), sur l'initiative de l'empereur lui-même, inquiet de l'attitude des travailleurs, le Corps législatif supprime du Code civil la prohibition absolue des « coalitions ». En septembre, par une adresse envoyée aux ouvriers parisiens, les ouvriers de Londres les convoquaient à un nouveau grand meeting en faveur de la Pologne, vaincue et martyrisée, pour le 28 septembre, à Saint Martin's Hall. En suite de cette invitation, trois délégués — Tolain, ciseleur, Perrachon, monteur en bronze, et A. Limousin, passementier — allèrent porter aux travailleurs anglais une adresse, en réponse à la leur, et un projet, celui d'une association internationale. Le meeting fut présidé par le jeune professeur Edward Spencer Beesly, philosophe positiviste et ardent radical, qui parla des peuples opprimés, dénonça les violences des gouvernements, et exprima l'espoir que l'union projetée entre les travailleurs de tous les pays sortirait réalisée de cette assemblée. Odger donna lecture de l'adresse envoyée aux ouvriers de Paris. Tolain lut la réponse des ouvriers parisiens, qui disait :

Travailleurs de tous pays qui voulez être libres, à votre tour d'avoir des congrès ! C'est le peuple qui revient sur la scène, ayant conscience de sa force, et se dressant en face de la tyrannie dans l'ordre politique, en face du monopole, du privilège, dans l'ordre économique... Il faut nous unir, travailleurs de tous les pays, pour opposer une barrière infranchissable à un système funeste qui diviserait l'humanité en deux classes.

Le Lubez, un jeune professeur de français, élevé à Jersey et à Londres, traduisit l'adresse de Tolain, puis expliqua le plan d'organisation apporté par les Français, plan qui fut chaleureusement applaudi. Ce fut le trade-unioniste Wheeler qui présenta la résolution soumise au meeting par le comité d'initiative ; il dit, en termes d'une humoristique cordialité, « que les Français avaient toujours l'avantage sur les Anglais ; que ces derniers avaient envoyé leur adresse à Paris par la poste, tandis que les Français apportaient eux-mêmes la leur à Londres, avec un plan d'organisation, prouvant ainsi une fois de plus que le progrès vient toujours de France, même quand les Français sont le plus opprimés ». La résolution était ainsi conçue :

Le meeting ayant entendu les réponses de nos frères français, nous proclamons encore leur bienvenue, et, comme leur programme est de nature à améliorer la situation des travailleurs, nous l'acceptons comme base d'une organisation *internationale*. Le meeting nomme un Comité, avec pouvoir de s'adjoindre d'autres membres, afin de rédiger des règlements pour cette association.

La résolution fut adoptée à l'unanimité, et le Comité, qui devait avoir son siège à Londres, fut nommé séance tenante. Il fut composé en majorité d'Anglais, parmi lesquels les trades-unionistes Odger, Cremer, Wheeler, Lucraft, et l'oweniste (1) Weston ; Le Lubez et deux ou trois autres Français établis en Angleterre y représentaient la France, Fontana et le major polonais Wolff (mazziniens) l'Italie, l'ouvrier tailleur Eccarius et le Dr Karl Marx l'Allemagne. Ce Comité reçut le mandat d'élaborer un projet de statuts, et de convoquer un Congrès ouvrier en 1865.

Ainsi fut fondée l'*Association Internationale des Travailleurs*, que les Anglais appelèrent *International Workingmen's Association.* C'était, selon le mot de l'instituteur socialiste Bibal, un des signataires du *Manifeste des Soixante* (2) en février 1864, « un enfant né dans les ateliers de Paris et mis en nourrice à Londres ».

Karl Marx a raconté, dans une lettre du 4 novembre 1864 à son ami Frédéric Engels, — qui habitait alors Manchester, et qui venait de rentrer en Angleterre après deux mois d'absence, — comment il avait été amené à assister au meeting de Saint Martin's Hall. Il écrit (nous traduisons de l'allemand) :

Il y a quelque temps, des ouvriers de Londres avaient envoyé à des ouvriers de Paris une adresse relative à la Pologne, et les avaient invités à une action commune

(1) Disciple du communiste anglais Robert Owen.

(2) Manifeste électoral par lequel un certain nombre d'ouvriers parisiens avaient posé la candidature ouvrière de Tolain au Corps législatif. Varlin, quoi qu'on en ait dit, n'avait pas signé ce manifeste.

dans cette affaire. Les Parisiens, de leur côté, envoyèrent une délégation à la tête de laquelle était Tolain, le candidat ouvrier lors de la récente élection à Paris, un homme très bien. (Ses camarades aussi étaient des garçons tout à fait bien.) Un meeting public fut convoqué pour le 28 septembre, à Saint Martin's Hall, par Odger (cordonnier, président du *London Trades Unions Council*, et aussi de la *Trades Unions Suffrage Agitation Society*, qui est en relation avec John Bright) et Cremer (maçon, secrétaire de la *Masons' Union*). Ce sont ces deux hommes qui avaient organisé, sous la direction de Bright (1), le grand meeting des Trades Unions, à Saint James' Hall, en faveur de l'Amérique du Nord, ainsi que la manifestation en l'honneur de Garibaldi. Un certain Le Lubez me fut dépêché pour me demander si je voulais prendre part à la chose, pour les ouvriers allemands, et spécialement si je pourrais fournir un ouvrier allemand comme orateur au meeting, etc. J'ai fourni Eccarius, qui a été excellent dans son rôle, et j'ai assisté moi-même à la réunion comme personnage muet, sur l'estrade. Je savais que, tant du côté londonien que du côté parisien, c'étaient cette fois des « puissances » réelles qui entraient en scène ; c'est pour cela que je m'étais décidé à me départir de ma règle habituelle de refuser les invitations de ce genre.

Dans sa première séance, le Comité élu le 28 septembre nomma une commission (*sub-committee*) chargée de rédiger une Déclaration de principes et des statuts provisoires. Marx avait été désigné comme l'un des membres de la commission ; les autres commissaires étaient (d'après la lettre de Marx du 4 novembre) : le Juif polonais italianisé Wolff, le Français Le Lubez, les Anglais Cremer et Weston. Le mauvais état de

(1) John Bright était le chef du parti radical anglais.

sa santé empêcha Marx d'assister aux deux premières réunions de la commission, ainsi qu'à la seconde séance du Comité. A la première réunion des commissaires, Wolff leur avait remis les statuts des sociétés ouvrières italiennes (mazziniennes), en proposant qu'ils servissent de base à ceux de la nouvelle association; l'oweniste Weston avait présenté un programme diffus et confus. Le Comité, dans sa seconde séance plénière, chargea la commission de remanier le programme de Weston, ainsi que les statuts de Wolff (celui-ci, obligé de partir pour le Congrès des ouvriers italiens à Naples, fut remplacé comme commissaire par Fontana). A la seconde réunion de la commission, Le Lubez présenta une Déclaration de principes, et un remaniement des statuts de Wolff : ces deux projets furent adoptés par les commissaires, en l'absence de Marx, pour être soumis au Comité, dont la troisième séance plénière devait avoir lieu le 18 octobre.

La lettre de Marx, à laquelle nous avons emprunté ces indications, continue ainsi :

Eccarius m'ayant écrit qu'il y avait péril en la demeure, je vins [le 18 octobre], et je fus vraiment effrayé en entendant le brave Le Lubez lire un Préambule d'une phraséologie à faire peur, mal écrit, et tout à fait enfantin ;... en outre, les statuts italiens avaient été conservés dans leurs traits essentiels; et ces statuts, indépendamment de leurs autres défauts, instituaient quelque chose de tout à fait inadmissible, une sorte de gouvernement central (avec Mazzini dans la coulisse, naturellement) des classes ouvrières d'Europe. Je fis quelques observations, sans rien brusquer ; et, après qu'on eut longuement discuté, Eccarius fit décider que la commission aurait à examiner de nouveau la chose « pour rédaction » ; toutefois les *sentiments* contenus dans la Déclaration de Le Lubez furent votés.

Comment faire pour écarter les projets de Wolff et de Le Lubez ? « J'étais fermement décidé », écrit le futur auteur du *Kapital*, « à ne pas laisser subsister une seule ligne, si possible, de tout leur fatras. » Pour arriver à ses fins, Marx, ayant réuni chez lui, le 20 octobre, Cremer, Fontana et Le Lubez, proposa, « pour gagner du temps », — ou plutôt pour en faire perdre, — qu'on commençât par discuter les statuts :

Ainsi fut fait. Il était une heure du matin lorsque le premier des quarante articles fut adopté. Cremer dit (et c'est à quoi j'avais voulu aboutir) : « Le Comité doit tenir séance le 20 octobre, et nous n'avons rien à lui présenter. Il faut ajourner la séance du Comité au 1er novembre, réunir de nouveau la commission le 27 octobre, et tâcher d'arriver ce jour-là à un résultat définitif. » Cela fut adopté, et les papiers furent laissés entre mes mains pour examen.

Je vis qu'il était impossible de tirer quelque chose de ce galimatias. Pour justifier la très singulière manière dont je me proposais de « rédiger » les *sentiments* déjà votés, j'écrivis une *Adresse aux classes ouvrières* (il n'en avait pas été question dans le plan primitif), une sorte de revue des faits et gestes des classes ouvrières depuis 1845 (1) ; puis, sous prétexte que tous les faits historiques

(1) C'est le document qui a été appelé *Inaugural Address*, et que Ch. Longuet a traduit et publié en français en 1866

étaient contenus dans cette Adresse, et que nous ne pouvions pas répéter trois fois les mêmes choses, je changeai tout le Préambule, je déchirai la Déclaration de principes, et enfin je réduisis à dix les quarante articles des statuts... Mes propositions furent toutes acceptées par la commission ; on m'imposa seulement l'introduction, dans le Préambule des statuts, de deux phrases sur les devoirs et les droits, et sur la vérité, la morale et la justice ; mais je les ai placées de telle façon que cela ne pourra pas faire de mal (1).

Dans la séance du Comité (1er novembre), mon Adresse et tout le reste ont été adoptés avec un grand enthousiasme et à l'unanimité... C'était chose très difficile que d'arriver à présenter notre point de vue sous une forme qui le rendît acceptable dans la phase où se trouve actuellement le mouvement ouvrier. Représente-toi bien que ces mêmes gens vont aller faire, dans quinze jours, des meetings pour le suffrage universel avec Bright et Cobden ! Il faudra du temps jusqu'à ce que le réveil du mouvement permette l'ancienne franchise du langage. Pour

sous le titre de *Manifeste de l'Association Internationale des Travailleurs.*

(1) Ces deux phrases que Marx n'a acceptées que parce qu'elles lui ont été « imposées », mais qui « ne pourront pas faire de mal », grâce à la place où il les a reléguées, se trouvent à la suite des « considérants ». Les voici :

« Par ces raisons : Les soussignés... ont pris les mesures nécessaires pour fonder l'Association Internationale des Travailleurs. Ils déclarent que cette Association Internationale, ainsi que toutes les sociétés ou individus y adhérant, reconnaîtront comme devant être la base de leur conduite envers tous les hommes : la Vérité, la Justice, la Morale, sans distinction de couleur, de croyance ou de nationalité.

« Ils considèrent comme un devoir de réclamer non seulement pour eux-mêmes les droits d'homme et de citoyen, mais encore pour quiconque accomplit ses devoirs. Pas de devoirs sans droits, pas de droits sans devoirs. »

Marx désavoue ces belles paroles : elles ne sont pas de lui. Qu'il lui en soit donné acte, et rendons à Le Lubez ce qui lui appartient.

le moment, il faut agir *fortiter in re, suaviter in modo* (1).

On doit se féliciter que l'Internationale ait trouvé à son berceau un homme de la haute capacité de Marx pour formuler en son nom « une série de principes simples », pouvant servir de « base commune » sur laquelle « tous les ouvriers sont et doivent être d'accord » (Bakounine, *Politique de l'Internationale*). On pourra regretter seulement que le récit fait par l'auteur même des statuts et de leur admirable Préambule soit gâté par le détail des finasseries auxquelles il a eu recours pour escamoter le « fatras » de Le Lubez et du major Wolff.

Dans la même lettre du 4 novembre à laquelle nous venons d'emprunter ces extraits si instructifs, Marx raconte encore à Engels comment, la veille (3 novembre), il était allé faire une visite à Bakounine qu'il connaissait depuis 1843, mais qu'il n'avait pas revu depuis 1848. Bakounine se trouvait de passage à Londres, revenant de Suède et retournant en Italie où il s'était fixé après l'échec de l'insurrection polonaise ; Marx lui

(1) « Être ferme sur le fond, coulant dans la forme. » — Bakounine, à propos de ce qu'il appelle quelque part (t. IV des *Œuvres*, p. 401, *Fragment* écrit en nov.-déc. 1872) « les magnifiques considérants qui se trouvent en tête de nos statuts généraux », a émis ce jugement, qui concorde tout à fait avec ce que dit ici Marx lui-même : « Ce programme si simple, si juste, *et qui exprime d'une manière si peu prétentieuse et si peu offensive* les réclamations les plus légitimes et les plus humaines du prolétariat, contient en lui tous les germes d'une immense révolution sociale » (t. VI des *Œuvres*, p. 93, *Protestation de l'Alliance*, juillet 1871).

avait demandé par lettre une entrevue, afin de renouveler connaissance. Voici le passage relatif à cette rencontre :

Bakounine te fait saluer. Il est parti aujourd'hui pour l'Italie, où il habite (à Florence). Je l'ai revu hier pour la première fois après seize ans. Je dois dire qu'il m'a beaucoup plu, je l'ai trouvé mieux qu'autrefois. Il dit, au sujet du mouvement polonais, que le gouvernement russe avait besoin de ce mouvement pour faire tenir la Russie tranquille, mais n'avait pas cru que la lutte pût durer dix-huit mois. Il a donc provoqué l'insurrection polonaise. Deux causes ont fait échouer cette insurrection, l'influence de Bonaparte, et secondement l'hésitation de l'aristocratie polonaise, qui n'a pas voulu proclamer dès le début, ouvertement et franchement, le *Socialisme paysan*. Bakounine dit qu'après l'échec de l'affaire polonaise, il ne veut plus s'occuper que du mouvement socialiste. En somme, c'est un des rares hommes que je retrouve, après seize ans, ayant marché en avant et non pas en arrière.

Lorsque Bakounine fut rentré en Italie, Marx lui fit parvenir des exemplaires des statuts de l'Internationale. Mais quoique le révolutionnaire russe eût paru disposé, d'abord, à faire de la propagande parmi les Italiens en faveur de la nouvelle association, il préféra se consacrer à une besogne qui lui parut plus pressante, et plus appropriée au terrain sur lequel devait s'exercer son action : la constitution d'une organisation secrète destinée à combattre les partisans de Mazzini, ainsi qu'à préparer une entente internationale des révolutionnaires socialistes. Nous retrouverons Bakounine en 1867.

II

Bureau de Paris (janvier 1865). — Conférence à Londres (septembre 1865). — Premier Congrès de l'Internationale, à Genève (septembre 1866).

Les statuts provisoires de l'Internationale, imprimés à Londres en anglais dans le courant de novembre, furent envoyés à Paris par le *Conseil général* (c'était le nom qu'allait prendre désormais, en conformité de ces statuts mêmes, le Comité nommé le 28 septembre ; le texte anglais l'appelait *Central Council*). Le groupe des adhérents parisiens de la nouvelle association se constitua alors en *Bureau de Paris* ; Tolain, E. Fribourg, graveur-décorateur, et Ch. Limousin (fils d'A. Limousin), margeur, furent nommés secrétaires correspondants. Les statuts, traduits en français (« par un ami sûr », dit Fribourg dans son livre sur l'Internationale), furent imprimés (Paris, imprimerie Edouard Blot), et le 8 janvier 1865 deux exemplaires étaient envoyés, l'un au préfet de police, l'autre au ministre de l'intérieur ; le même jour, le Bureau de Paris s'installait dans un modeste local, 44, rue des Gravilliers (IIIe arrondissement), une petite pièce meublée d'un poêle de fonte, d'une table en bois blanc et de deux tabourets, au fond d'une cour, au rez-de-chaussée.

Pour éviter des poursuites, il avait été convenu que les adhérents seraient censés être des membres individuels d'une association ayant son siège en Angleterre. L'article 10 des statuts généraux disait qu'aucune société locale n'était dispensée de correspondre directement avec le Conseil général, à Londres ; aussi, à mesure qu'un nouveau groupe se formait sur quelque point de la France, lui était-il recommandé de ne pas correspondre avec Paris, et de s'adresser toujours au Conseil général pour tous les renseignements.

Aux trois correspondants, Tolain, Fribourg et Limousin, furent adjoints, sous le nom de sous-commission, un certain nombre d'adhérents du Bureau de Paris, mais sans que le nombre total, y compris les trois correspondants, dût jamais dépasser vingt, chiffre au delà duquel le Code pénal exigeait une autorisation gouvernementale. Il y eut naturellement, de temps à autre, quelques mutations ; Fribourg cite de mémoire les noms de dix-huit ouvriers ayant fait partie de cette sous-commission, savoir : Debock, typographe ; Bourdon, graveur ; Héligon, ouvrier en papiers peints ; Culetin, corroyeur ; Perrachon, Camélinat, Guiard, monteurs en bronze ; Fournaise, opticien ; André Murat, mécanicien ;

Eugène Varlin, relieur ; Bellamy, robinettier ; Delorme, cordonnier ; Mollin, doreur ; G. Laplanche, carrossier ; Delahaye, serrurier ; Chemalé, commis architecte ; Gauthier, bijoutier ; Benoît Malon, journalier.

Vers le mois de septembre 1865, le Bureau de Paris ne comptait guère encore que cinq cents adhérents, tant les entraves légales offraient d'obstacles à sa propagande.

L'article 3 des statuts généraux avait prévu la réunion d'un congrès général en Belgique en 1865. Mais le Conseil général de Londres reconnut que la convocation d'un congrès n'était pas encore possible, et il se contenta d'une simple Conférence, qui eut lieu à Londres du 25 au 29 septembre 1865. Paris y fut représenté par quatre délégués, les correspondants Tolain, Fribourg et Ch. Limousin, auxquels avait été adjoint le relieur Varlin ; il y avait en outre deux délégués venus de Genève, le Français Dupleix, relieur, et l'Allemand J.-Ph. Becker, publiciste, et un délégué de Bruxelles, César De Paepe, typographe et étudiant en médecine ; les autres membres de la Conférence étaient des Anglais, Odger, Cremer, Wheeler, Howell, Weston, et des étrangers habitant Londres et membres du Conseil général : Le Lubez (secrétaire pour la France), Vésinier, Dupont, membres de la Branche française de Londres ; Hermann Jung (secrétaire pour la Suisse), Karl Marx (secrétaire pour l'Allemagne), Eccarius, Wolff, Bobczinski, etc. La Conférence décida que le premier congrès aurait lieu à Genève au printemps de 1866, et en arrêta l'ordre du jour. Le dernier jour, à Saint Martin's Hall, « un thé, suivi de discours, de chants républicains, et terminé par un bal, fournit aux Parisiens une occasion de connaître de plus près les membres du Conseil central. Pendant que Varlin et Limousin faisaient danser les jeunes filles de Karl Marx, celui-ci racontait à Tolain et Fribourg comment il avait voué une haine profonde à P.-J. Proudhon (1) pour ses opinions anti-communistes. » (Fribourg.)

Il y avait eu, dans une des séances de la Conférence, une vive altercation entre Vésinier et les délégués parisiens. A propos de la « question polonaise », Vésinier avait déclaré que ceux qui voulaient écarter cette question de l'ordre du jour du futur congrès ne pouvaient être que des agents bonapartistes. Ce conflit, en s'envenimant de plus en plus par la suite, devait aboutir, en septembre 1866, à l'exclusion de Vésinier et de Le Lubez du Conseil général, et, en octobre 1868, à l'expulsion de l'Internationale de la Branche française de Londres.

C'est en 1865 (octobre) qu'eut lieu à Liége le célèbre Congrès international des étudiants socialistes, auquel participèrent entre autres Germain Casse, Paul Lafargue, Tridon, les frères Villeneuve, Jaclard, etc.

(1) Proudhon était mort neuf mois auparavant, en janvier 1865.

Au printemps de 1866, les dirigeants de l'Internationale eurent à se demander si le congrès projeté était réalisable. Marx, que le mauvais état de sa santé avait obligé d'abandonner pendant trois mois le Conseil général, écrivait de Margate à son ami Engels (6 avril) : « Je dois te dire franchement que cela va très mal dans l'Internationale, d'autant plus que l'impatience des Français a fait fixer le congrès à la fin de mai. Le fait est que les *leaders* anglais de Londres, maintenant que nous les avons mis en vedette chez eux (à quoi s'ajoute l'incapacité pour tout Anglais de faire deux choses à la fois), se montrent *très froids* à l'égard de nos affaires... Un fiasco du congrès leur serait tout à fait égal. Mais nous ! allons-nous nous ridiculiser devant l'Europe ? Que faire ? » Marx, une fois rentré à Londres, obtint que le congrès n'aurait lieu qu'en septembre ; mais il ne croyait guère à sa réussite ; il écrit à Engels (23 avril) : « Je me suis décidé à faire, d'ici, ce que je pourrai pour le succès du Congrès de Genève, mais à ne pas y aller. Je me soustrais de cette façon à toute responsabilité personnelle. »

On sait qu'en juin 1866 éclata brusquement cette guerre entre l'Autriche et la Prusse (alliée à l'Italie) qui devait aboutir le 3 juillet à l'écrasement de l'armée autrichienne à Sadowa, et ensuite à l'annexion à la Prusse du Hanovre, de la Hesse, du Nassau et de Francfort, ainsi qu'à la création, sous la direction prussienne, de la

Confédération de l'Allemagne du Nord, avec un parlement (*Reichstag*) élu par le suffrage universel. Aussitôt qu'était apparue la possibilité de voir les peuples jetés une fois de plus les uns contre les autres sur les champs de bataille, des protestations contre la guerre s'étaient élevées à Paris. En mai, les étudiants socialistes français avaient signé une adresse aux étudiants d'Allemagne, d'Autriche et d'Italie (publiée par le *Courrier Français* de Vermorel et la *Rive Gauche* de Longuet), pour dénoncer l'absurdité de « s'entr'égorger sous de sots prétextes d'intérêt national et de différence de races ». Le 10 juin, Vermorel avait lancé dans son journal son célèbre article *La grève des peuples contre la guerre*. L'Internationale parisienne, à son tour, avait rédigé une adresse (17 juin) : elle y exprimait l'espoir que les peuples ne se laisseront pas aveugler par la fumée des canons, qu'ils écouteront la voix de la solidarité et de la justice ; elle parlait du congrès ouvrier qui allait bientôt se réunir, « et sur lequel reposent en ce moment toutes nos espérances », ce congrès où « les travailleurs aborderont enfin ces graves questions que la guerre, avec ses hideuses pratiques, est impuissante à résoudre ». Enfin le 1er juillet, dans la *Rive Gauche*, Paul Lafargue, comme Vermorel, avait dénoncé dans la guerre la contre-révolution, en s'élevant contre le préjugé des nationalités.

L'armistice de Nikolsburg fut conclu le

26 juillet, et l'hégémonie de là Prusse fut désormais assurée en Allemagne.

Pendant ce temps, l'attitude de Marx avait été singulière, et il est nécessaire de la faire connaître. Le 7 juin, il écrivait à Engels :

Voilà la guerre, à moins d'un miracle. Les Prussiens vont expier leurs fanfaronnades (1), et dans tous les cas l'idylle en Allemagne est finie. La clique proudhonienne parmi les étudiants de Paris (*Courrier Français*) prêche la paix, déclare la guerre un anachronisme, les nationalités de vains mots, attaque Bismarck et Garibaldi, etc. Comme polémique contre le chauvinisme, leur manège est utile et explicable. Mais comme disciples de Proudhon, — et mes très bons amis Lafargue et Longuet (2) en sont aussi, — qui veulent abolir « la misère et l'ignorance », ignorance dont ils sont eux-mêmes atteints d'autant plus qu'ils font parade de leur prétendue « science sociale », ils sont tout simplement grotesques.

Le 20 juin, il écrit au même :

Hier il y a eu discussion sur la guerre dans le Conseil de l'Internationale. Cette discussion avait été annoncée d'avance, et la salle était pleine. Messieurs les Italiens, cette fois, nous avaient aussi envoyé leurs délégués. Le débat a porté, comme il fallait s'y attendre, sur la question des nationalités en général et sur la position que nous avons à prendre à cet égard. La suite a été renvoyée à mardi prochain.

Les Français, très nombreux, ont donné libre cours à

(1) Marx était *Gross-Deutscher*, c'est-à-dire partisan d'une Allemagne qui devait comprendre l'Autriche.

(2) Paul Lafargue et Charles Longuet, les futurs gendres de Karl Marx, étaient alors réfugiés à Londres, d'où ils continuaient à écrire dans la *Rive Gauche* (journal des étudiants français), transportée à Bruxelles.

leur cordiale antipathie à l'égard des Italiens. Les représentants (non ouvriers) de la Jeune France ont déclaré que toutes les nationalités et les nations elles-mêmes sont « des préjugés surannés ». Ils professent un stirnerianisme proudhonien. Tout dissoudre en petits « groupes » ou « communes », qui s'uniront à nouveau pour former une « société », mais pas un Etat. En attendant la réalisation de cette « individualisation » de l'humanité, et du « mutuellisme » qui l'accompagnera, le cours de l'histoire doit être suspendu dans tous les autres pays, et le monde entier doit attendre que les Français soient mûrs pour une révolution sociale. Ils feront alors l'expérience devant nos yeux, et le reste du monde, subjugué par la force de leur exemple, fera comme eux à leur suite. Tout à fait ce que Fourier attendait de son phalanstère modèle. Tous ceux qui encombrent la « question sociale » des « superstitions » de l'ancien monde sont déclarés « réactionnaires ».

Les Anglais ont beaucoup ri lorsque, prenant la parole, j'ai commencé en disant que notre ami Lafargue, qui a supprimé les nationalités, nous a parlé *en français*, c'est-à-dire dans une langue que les neuf dixièmes de l'auditoire ne comprennent pas. J'ai montré ensuite que pour lui, sans qu'il s'en aperçoive, la négation des nationalités c'est tout simplement leur absorption par la nation modèle, la France.

Dans la première quinzaine de juillet, il y avait eu à Londres plusieurs manifestations monstres contre la guerre. Citons encore à ce propos un passage caractéristique d'une lettre de Marx du 7 juillet :

Les démonstrations ouvrières de Londres, véritablement fabuleuses, comparées avec tout ce que nous avions vu depuis 1849 en Angleterre, sont exclusivement l'œuvre de l'Internationale. M. Lucraft, par exemple, qui a commandé à Trafalgar Square, est un membre de notre Conseil. Ici se montre la différence entre ce qu'on obtient par la méthode qui consiste à *agir derrière les coulisses*, en restant caché aux yeux du public, et le procédé des démocrates, qui se donnent des airs d'importance *devant la galerie*, mais qui *ne font rien.*

L'Internationale parisienne avait fait des progrès numériques ; elle comptait maintenant douze cents adhérents, parmi lesquels quelques notabilités de la bourgeoisie républicaine, telles que le philanthrope Jules Simon, l'historien Henri Martin, le proudhonien Gustave Chaudey, et l'excellent Charles Beslay, âgé déjà de soixante-douze ans. Le mois d'août fut consacré à la rédaction d'un mémoire sur les questions formant l'ordre du jour du congrès qui allait se réunir.

Pendant ce temps, Karl Marx, à Londres, rédigeait de son côté, au nom du Conseil général, un rapport sur ces questions, rapport dont la traduction en français fut faite par Eugène Dupont, ouvrier luthier parisien établi en Angleterre, devenu correspondant pour la France en remplacement de Le Lubez.

Le Bureau de Paris envoya onze délégués au Congrès de Genève : Bourdon, Camélinat, Chemalé, Culetin, Fribourg, Guiard, Malon, Murat, Perrachon, Tolain, Varlin ; Lyon en envoya quatre : Baudy, Honoré Richard, Schettel, Secrétan ; Rouen un, Emile Aubry ; Neuville-sur-Saône un, Baudrand. Le congrès fut formé, outre ces dix-sept délégués de la France, de six représentants du Conseil général, Odger, Carter, Jung, Eccarius, Cremer, Dupont ; de vingt délégués de quinze sections de la Suisse, dont le Dr Pierre Coullery (la Chaux-de-Fonds), James Guillaume (le Locle), Adhémar Schwitzguébel (Sonvillier), Cornaz (Lausanne), le Français Dupleix, le Polonais Card, et l'Allemand J.-Ph. Becker (Genève), Karl Bürkly (Zurich et Wetzikon) ; de trois délégués de quatre sections de l'Allemagne, Moll (Cologne et Solingen), Müller (Stuttgart), Bütter (Magdebourg) ; et de quatorze délégués de onze sociétés simplement adhérentes au congrès, mais n'appartenant pas à l'Internationale (un Anglais et treize Suisses et Allemands). La présidence du congrès fut dévolue à Jung, ouvrier horloger suisse, né à Saint-Imier (Jura bernois), établi à Londres, qui parlait le français, l'anglais et l'allemand.

Le Congrès de Genève discuta, amenda, et adopta définitivement les statuts généraux, qui furent votés en trois langues, français, anglais et allemand : le texte français différait en plusieurs endroits des textes anglais et allemand, mais personne n'en fit la remarque. Le Congrès compléta les statuts par un règlement. Le Conseil général fut maintenu à Londres, et composé des mêmes membres que le Conseil provisoire, à l'exception de Vésinier et de Le Lubez qui, sur la demande des Parisiens, furent éliminés (1).

(1) Vésinier avait attaqué le Bureau de Paris dans un petit

Parmi les dispositions des statuts qui soulevèrent des débats intéressants, il faut noter l'article déterminant les conditions à remplir pour pouvoir devenir membre de l'Association. A la Conférence de 1865, les délégués parisiens avaient insisté pour que seuls les travailleurs n'ayant d'autres ressources que leur travail journalier pussent faire partie de l'Internationale ; ils voulaient en tenir éloignés ceux qu'on appelait les « travailleurs de la pensée », c'est-à-dire les hommes des professions dites libérales, « avocats, poètes, romanciers, médecins, artistes, journalistes ». Les Anglais, les Suisses, et les Belges avaient exprimé le désir qu'on admît quiconque solliciterait l'admission : « ils s'appuyaient sur ce que dans leurs pays les professions libérales, beaucoup plus accessibles qu'en France, étaient victimes de toutes les fluctuations des affaires, aussi bien, et souvent même plus cruellement, que les professions manuelles » (Fribourg). On avait fini par décider que chaque section (ou bureau) serait libre, sous sa responsabilité, « de donner au mot *travailleur* toute l'extension dont il lui semblerait susceptible », et que l'admission des femmes serait également laissée à l'appréciation de chaque groupe.

Lorsqu'il fallut, à Genève, voter sur l'article rédigé en conformité de cet accord, article qui disait : « Quiconque adopte et défend les prin-

journal belge, l'*Espiègle*, et Le Lubez avait pris le parti de Vésinier.

cipes de l'Association peut en être reçu membre ;
mais cela, toutefois, sous la responsabilité de la
section qui le recevra », les délégués parisiens
revinrent à la charge : que fallait-il entendre par
le mot *travailleur?* les *travailleurs de la
pensée* devaient-ils être admis ? A la seconde de
ces questions, les délégués du Conseil général
répondaient oui ; les délégués de Paris sou-
tinrent le contraire, en affirmant que ce serait
s'exposer au danger de laisser envahir l'Association par des ambitieux. Les délégués suisses
et allemands protestèrent avec vivacité, et
l'article fut voté.

Mais lorsqu'on discuta le règlement (articles
additionnels aux statuts) que venait d'élaborer
une commission, un nouveau débat s'éleva sur
le même sujet à propos du projet d'article disant
que tout membre de l'Association pouvait être
élu comme délégué aux congrès. Tolain déclara
que, s'il était indifférent d'admettre comme
simples membres de l'Association des citoyens de
toute classe, il n'en était pas de même lorsqu'il
s'agissait de choisir un délégué : la classe
ouvrière soutient une lutte sans trêve ni merci
contre la classe bourgeoise, il est donc indispensable que tous les hommes qui sont chargés de
représenter des groupes ouvriers soient des travailleurs. — Perrachon alla jusqu'à dire que ce
serait vouloir la perte de l'Association que d'admettre comme délégué un citoyen qui ne serait
pas un ouvrier. — Cremer s'étonna de voir cette

question revenir de nouveau à la discussion. Parmi les membres du Conseil central, il se trouve, dit-il, plusieurs citoyens qui n'exercent pas un métier manuel, et il est probable que sans leur dévouement l'Association n'aurait pu s'implanter en Angleterre d'une façon aussi complète; parmi eux, il cita le citoyen Marx, qui a consacré sa vie au triomphe de la classe ouvrière. — Fribourg dit qu'il pourrait arriver un beau jour que le Congrès « ouvrier » fût composé en majeure partie d'économistes, de journalistes, d'avocats, de patrons, etc., chose ridicule et qui anéantirait l'Association. — Carter, appuyant Cremer, ajouta, en réponse à Fribourg, que le citoyen Karl Marx avait parfaitement compris l'importance de ce premier congrès, où en effet ne devaient se trouver que des ouvriers : aussi a-t-il refusé la délégation que lui offrait le Conseil central (1). Mais les hommes entièrement dévoués à la cause prolétaire sont trop rares pour les écarter de notre route. C'est la prétendue science économique bourgeoise qui, en donnant du prestige à la bourgeoisie, maintient encore le pouvoir de cette classe : donc, que les hommes qui se sont occupés de la question économique, et qui ont reconnu la justice de notre cause, viennent aux congrès ouvriers battre en brèche la fausse science économique. — Tolain,

(1) On a vu plus haut (lettre de Marx à Engels du 23 avril) que ce n'était pas ce motif-là qui avait empêché **Marx** de se faire nommer délégué, mais simplement le désir de se soustraire à toute responsabilité personnelle.

reprenant la parole, dit : « Comme ouvrier, je remercie le citoyen Marx de n'avoir pas .accepté la délégation qu'on lui offrait. En faisant cela, le citoyen Marx a montré que les congrès ouvriers ne doivent être composés que d'ouvriers manuels. Si nous admettons ici des hommes appartenant à d'autres classes, on ne manquera pas de dire que le congrès ne représente pas les aspirations des classes ouvrières, qu'il n'est pas fait par des travailleurs ; et je crois qu'il est utile de montrer au monde que nous sommes assez avancés pour pouvoir agir par nous-mêmes. » — L'amendement de Tolain, portant que la qualité d'ouvrier manuel était nécessaire pour pouvoir être élu délégué, fut rejeté par vingt-cinq voix contre vingt (1).

On trouve l'opinion intime de Marx sur le Congrès de Genève et sur les délégués parisiens dans la lettre suivante, qu'il écrivit le 9 octobre

(1) Marx fut blessé de l'attitude des délégués parisiens, comme on le voit par sa lettre à Engels du 20 septembre, où il dit : « A titre de démonstration contre Messieurs les Français, qui voulaient exclure tous ceux qui ne sont pas des *travailleurs manuels*, d'abord du droit d'être admis dans l'Internationale, puis, ensuite, au moins du droit d'être élus délégués au congrès, les Anglais m'ont proposé hier comme *président* du Conseil central. J'ai déclaré que sous aucun prétexte je ne pourrais accepter, et j'ai proposé Odger, qui a été réélu, bien que quelques-uns aient voté pour moi malgré ma déclaration. Dupont m'a d'ailleurs donné la clef de la manœuvre de Tolain et de Fribourg. Ils veulent se présenter en 1869 comme candidats *ouvriers* aux élections pour le Corps législatif, en invoquant ce principe, que seuls des *ouvriers* peuvent représenter des ouvriers. Il était donc extrêmement important, pour ces Messieurs, de faire proclamer à l'avance le principe par le congrès. »

à son ami le Dr Kugelmann, un jeune médecin juif habitant Hanovre (1) :

J'avais de grandes inquiétudes au sujet du premier congrès, à Genève. Mais, en somme, il a réussi au delà de mon attente. L'impression en France, en Angleterre, en Amérique, était inespérée. Je n'ai pas pu y aller, et je ne l'ai pas voulu non plus, mais c'est moi qui ai écrit le programme des délégués de Londres. Je l'ai limité exprès aux points qui permettent une entente immédiate et une action commune des ouvriers, et qui donnent immédiatement un aliment et une impulsion aux besoins de la lutte de classe et à l'organisation des ouvriers comme classe. Messieurs les Parisiens avaient la tête remplie de la plus creuse phraséologie proudhonienne. Ils parlent de science, et ne savent rien… Sous prétexte de liberté et d'anti-gouvernementalisme, ou d'individualisme anti-autoritaire, ces Messieurs — qui ont accepté pendant seize ans et acceptent encore si tranquillement le plus abominable despotisme (2) — prêchent en réalité le régime bourgeois vulgaire, seulement idéalisé à la mode proudhonienne. Proudhon a fait un mal énorme. Son apparente critique et son apparente opposition contre les utopistes… ont d'abord gagné et séduit la « jeunesse brillante » (3), ensuite les ouvriers, en particulier ceux de Paris, lesquels, comme ouvriers de luxe, se trouvent, sans s'en douter, appartenir très fort à la vieille ordure (« *sehre* » *dem alten Dreck angehören*). Ignorants, vaniteux, prétentieux, bavards, gonflés d'emphase (4), ils ont été sur le point de tout gâter, étant

(1) Lettre publiée par la *Neue Zeit*, qui a imprimé la correspondance de Marx avec Kugelmann.
(2) Et en Allemagne, est-ce que peut-être, à partir de 1850, on n'avait pas « accepté tranquillement » la réaction « la plus abominable » ?
(3) En français dans l'original.
(4) Tout cela pouvait être plus ou moins vrai d'hommes comme Tolain (que pourtant Marx jugeait autrement en 1864),

accourus au congrès en un nombre nullement propor-
tionné à celui de leurs membres (1). Sous main, dans le
Report [Compte rendu], je leur donnerai sur les doigts.

Tout Marx est déjà dans cette lettre.

Fribourg, Héligon, Chemalé. Mais dès ce moment, dans les
rangs de l'Internationale parisienne, on trouvait Varlin, Delacour, Camélinat, Bourdon, Delahaye, Combault, Avrial, Langevin, Pindy, Landrin, Theisz, Duval, Malzieux et bien d'autres,
qui devaient signaler leur intelligence et leur esprit pratique
dans les luttes que le prolétariat parisien soutint contre
l'Empire.

(1) Marx semble trouver que, pour représenter le prolétariat
parisien, c'était trop de onze délégués ; mais il ne se plaint
pas que quinze petites sections et dix sociétés adhérentes, en
Suisse, aient envoyé trente-trois délégués (qui votèrent pour
la plupart dans le sens du Conseil général).

III

Règlement et Commission du Bureau de Paris (octobre 1866). — Second Congrès de l'Internationale, à Lausanne; Congrès de la Paix et de la Liberté, à Genève (septembre 1867).

Après le Congrès de Genève, le Bureau de Paris se donna un règlement, qui instituait une Commission administrative de quinze membres, élus au scrutin de liste, choisissant dans son sein trois correspondants, un caissier, un secrétaire-archiviste. La durée des fonctions de la Commission devait s'étendre d'un congrès à l'autre. La Commission élue (octobre), les trois correspondants furent Tolain, Fribourg et Varlin (1) ; le caissier, Héligon ; les fonctions de secrétaire et d'archiviste furent disjointes : Bourdon fut archiviste, et Chemalé secrétaire général. Les noms des neuf autres membres, comme il résulte de la liste de l'année suivante, sont Camélinat, Murat, Perrachon, Fournaise, Gauthier, Bellamy, Guiard, Delahaye et Delorme.

(1) Varlin, l'actif organisateur de la Société des relieurs, paraît avoir été appelé aux fonctions de correspondant déjà avant le Congrès de Genève, en remplacement de Limousin.

Quelques incidents sont à signaler dans la première moitié de 1867. C'est d'abord la grève des bronziers de Paris (février), à l'occasion de laquelle Tolain et Fribourg se rendirent à Londres avec trois délégués des grévistes (Camélinat, Kin et Valdun) pour solliciter l'appui des Trades Unions : il fut accordé. La lutte se termina par la victoire des ouvriers, qui eut un retentissement considérable. Le 26 mars, il y eut une émeute ouvrière à Roubaix : des milliers de tisseurs et de fileurs, affolés, brisèrent des machines et incendièrent des ateliers. La Commission parisienne lança un appel par lequel — après avoir parlé du problème que soulève l'emploi de la machine dans l'industrie, et avoir dit aux ouvriers roubaisiens qu'ils avaient eu tort de détruire des instruments de travail — elle proclamait sa solidarité avec les exploités, exposait leurs justes griefs, et demandait pour eux l'appui matériel et moral des travailleurs. Le 21 avril, autre appel, cette fois en faveur des charbonniers mineurs en grève à Fuveau (Bouches-du-Rhône).

Au même moment, des bruits de guerre ayant été répandus en France et en Allemagne à propos du Luxembourg, une adresse rédigée par des ouvriers allemands fut envoyée à Paris ; le Bureau de Paris y fit, le 28 avril, une réponse qui fut traduite en plusieurs langues, et qui affirmait « la solidarité universelle et l'alliance indestructible des travailleurs ».

Une Exposition Universelle avait été ouverte à Paris le 1er avril : le 6 juin, le Polonais Berezowski tira un coup de pistolet sur le tsar Alexandre II, qui était venu, à l'occasion de l'Exposition, rendre visite à Napoléon III.

L'Internationale devait tenir son deuxième congrès général à Lausanne le premier lundi de septembre. La démocratie européenne, de son côté, organisait, sous les auspices de Garibaldi, d'Edgar Quinet, de Bakounine (celui-ci avait fondé à Naples, en août, le journal *Libertà e Giustizia*), de Simon (de Trèves), un Congrès de la Paix et de la Liberté, qui devait s'ouvrir à Genève le 9 septembre.

Cette fois, la France fut représentée au congrès de l'Internationale de façon plus complète. Paris y envoya neuf délégués : Tolain, Murat, Fribourg, Chemalé, Marly, imprimeurs sur étoffes, Garbe, ferblantier, Pioley, mécanicien, Reymond, lithographe, De Beaumont, ciseleur en bronze ; Lyon, le mécanicien Schettel et le tailleur Palix ; Neuville-sur-Saône, Rubaud, imprimeur sur étoffes ; Villefranche (Rhône), Chassin, marchand de vins ; Vienne (Isère), le tailleur Ailloud ; Marseille et Fuveau, le ferblantier Vasseur ; Bordeaux, le bottier Vézinaud ; Rouen, le lithographe Aubry ; Caen et Condé-sur-Noireau, le publiciste Ch. Longuet. Le Conseil général avait délégué Dupont, qui présida le congrès, Eccarius, Lessner et Carter ; et en outre Odger et Cremer, qui se rendaient au Congrès de la

Paix, et qui arrivèrent à Lausanne le 8 septembre, juste à temps pour assister à la clôture du Congrès de l'Internationale ; l'Angleterre avait encore envoyé Walton, architecte, de Brecon (Galles), président de la *National Reform League* (chartiste), et Swan, rubanier, de Coventry. Citons de plus, parmi les délégués, dont le total était de soixante-onze : De Paepe, de Bruxelles ; le Dr Kugelmann, de Hanovre ; le célèbre Ludwig Büchner, de Darmstadt ; le Dr Coullery, de la Chaux-de-Fonds ; James Guillaume, du Locle, qui fut secrétaire et rédigea les procès-verbaux du congrès ; Perron (Genevois), Dupleix (Français), J.-Ph. Becker (Allemand), venus de Genève ; Karl Bürkly, de Zurich ; les Italiens Gaspare Stampa, du Comité central des sociétés ouvrières de Milan, et le marquis Sebastiano Tanari, délégué de Bologne et Bazzano.

Ce congrès, animé d'un esprit plus révolutionnaire que celui de l'année précédente, produisit sur la plupart de ceux qui y assistèrent une impression profonde : ils sentirent s'éveiller en eux, au contact des délégués des prolétaires des divers pays de l'Europe, une vie nouvelle, « et entrevirent pour la première fois, dans leur réalité humaine et scientifique, les perspectives grandioses de la révolution sociale universelle » (*Mémoire de la Fédération Jurassienne*).

La principale question discutée à Lausanne fut celle de la propriété : De Paepe exposa la théorie de la propriété collective, et fut combattu par Longuet, Chemalé et Coullery ; la discussion fut remise au congrès suivant. Bruxelles fut désigné pour siège de ce congrès ; et, à l'unanimité, le Conseil général fut réélu et maintenu à Londres, la seule ville qui offrît à ce moment les conditions indispensables.

Le Congrès ouvrier, qui avait été invité à participer au Congrès de la Paix à Genève, déclara, en réponse à cette invitation, que la paix ne pourrait exister que dans « un nouvel ordre de choses qui ne connaîtra plus dans la société deux classes, dont l'une est exploitée par l'autre » ; que la cause première de la guerre est le manque d'équilibre économique ; que pour supprimer la guerre, il ne suffirait pas de licencier les armées, mais qu'il faudrait encore modifier l'organisation sociale dans le sens d'une répartition plus équitable de la production. Une délégation de trois membres, Tolain, De Paepe et James Guillaume, fut chargée de présenter au Congrès de la Paix cette résolution, et de lui dire que le Congrès de l'Internationale subordonnait son adhésion à l'acceptation des principes énoncés.

Les délégués parisiens avaient incontestablement joué au Congrès le rôle principal. Vermorel le dit dans le *Courrier Français*, et parla du « caractère sérieux » de ces ouvriers, qui « ne faisaient pas de discours », et qui discutaient avec intelligence les questions économiques les plus difficiles.

Cet éloge irrita Marx. Il avait passé la moitié de l'été à corriger les épreuves du premier volume de son *Kapital,* qui s'imprimait en ce moment en Allemagne ; le 15 août il avait donné le bon à tirer de la préface. Absorbé par son livre, il n'était pas intervenu activement ni publiquement dans les affaires de l'Internationale cette année-là. Mais il allait prendre sa revanche, et les Français n'avaient qu'à bien se tenir. C'est ce qu'il annonça dans une lettre à Engels du 11 septembre :

J'irai personnellement au prochain congrès, à Bruxelles, donner le coup de grâce (*den Garaus machen*) à ces ânes de proudhoniens. J'ai arrangé diplomatiquement toute la chose ; je ne voulais pas paraître en personne, avant que mon livre fût publié et que l'Association eût pris racine. Du reste, dans le rapport officiel du Conseil général, — car, malgré tous leurs efforts, les bavards parisiens n'ont pu empêcher notre réélection (1), — je leur donnerai le fouet.

En attendant, notre Association a fait de grands progrès. Le misérable *Star,* qui voulait nous ignorer totalement, déclare hier, dans son article de fond, que nous avons plus d'importance que le Congrès de la Paix. Schulze-Delitzsch n'a pas pu empêcher son *Arbeiterverein* de Berlin de se joindre à nous. Les sales chiens (*Schweinshunde*) qui, parmi les trades-unionistes anglais, trouvaient que nous allions trop loin, nous rattrapent au pas

(1) Marx se figurait que les Parisiens voulaient placer à Paris ou, en attendant, à Bruxelles, le siège du Conseil général. Il était très mal renseigné. Jamais un projet semblable n'a existé. Dans tous les pays, les membres de l'Internationale désiraient que le Conseil général restât à Londres, — aussi longtemps du moins qu'une révolution victorieuse n'aurait pas fait de Paris une ville libre.

de course. Outre le *Courrier français*, ont rendu compte de notre congrès la *Liberté*, de Girardin, le *Siècle*, le *Monde*, la *Gazette de France*, etc. *Les choses marchent* (1). Et à la prochaine révolution, qui est peut-être plus proche qu'il ne semble, nous (c'est-à-dire *toi* et *moi*) aurons ce puissant instrument *dans notre main*. Compare avec cela le résultat des opérations de Mazzini, etc., depuis trente ans ! Et tout cela, sans argent, et malgré les intrigues des proudhoniens à Paris, de Mazzini en Italie, et d'Odger, Cremer, Potter à Londres, qui nous jalousent ; et en ayant contre nous Schulze-Delitzsch et les lassalliens en Allemagne ! Nous pouvons vraiment être très satisfaits !

Le même jour, Engels écrivait à Marx, au sujet de correspondances envoyées au *Times* par Eccarius sur le congrès, correspondances dans lesquelles le zélé disciple de Marx avait cherché à ridiculiser les délégués de Paris :

Il faut avoir soin de garder le secret sur le nom de l'auteur des correspondances du *Times*, car, si on le savait, cela pourrait faire à Eccarius un tort énorme. Il faudra, une autre fois, qu'avant d'écrire il se demande jusqu'à quel point les bourgeois de la rédaction pourraient exploiter ses railleries pour jeter le ridicule sur tout le congrès, et non pas seulement sur les quelques Français.

Puisque tu es en relations avec Vermorel, ne pourrais-tu pas obtenir qu'il ne dît pas tant de sottises sur l'Allemagne ? C'est raide, tout de même de demander que Napoléon III se fasse *libéral*, bourgeoisement libéral, et qu'il déclare ensuite la guerre à l'Allemagne pour l'affranchir de la tyrannie de Bismarck ! Ces *crapauds* (2),

(1) En français dans l'original.

(2) Ce mot de *crapauds* était un terme aimable par lequel Marx et Engels désignaient familièrement les Français, les

qui, même au cas où ils feraient une révolution, seront obligés de garder envers l'Allemagne les plus grands ménagements, se figurent donc qu'il suffirait d'afficher un peu de libéralisme pour que la France pût jouer de nouveau son ancien rôle ! Je regarde comme très important, justement pour le cas d'une révolution, qu'on habitue ces Messieurs à nous traiter d'autre façon.

Le lendemain 12, Marx répond à Engels :

Je suis tout à fait de ton avis au sujet d'Eccarius. Il manque à un ouvrier, particulièrement lorsque son esprit a la sécheresse critique d'Eccarius, l'adresse diplomatique... Mais cela ne nuira pas : les railleries d'Eccarius seront prises comme venant du *Times*.

Ce sont ces *feignants* de Suisses français (*die faulen französischen Schweizer*), très fortement représentés, qui ont fait le jeu des bavards français, grâce à la sottise du vieux Becker... Mais tout cela ne fait rien. L'essentiel, ce n'est pas ce qui se dit au congrès, c'est le fait qu'il ait eu lieu. Dans notre rapport général, *on se moquera bien* (1) des malins de Paris... Il s'agira d'amener l'an prochain à Bruxelles vingt Anglais et trente Allemands. Quant aux Belges eux-mêmes, comme on ne peut se faire représenter qu'à raison d'un délégué pour 500 membres, ils ne seront pas très nombreux (2). D'ailleurs, ils sont assez disposés à se rebeller contre les Parisiens.

Nota Bene : Ce qu'il y a de malheureux, c'est que nous n'avons absolument personne à Paris qui puisse se mettre en rapport avec celles des sections françaises qui sont

ouvriers français, comme l'expliquent les éditeurs de la *Correspondance*.

(1) En français dans l'original.

(2) En dépit de ce plan de Marx, il n'y eut au Congrès de Bruxelles, en 1868, que sept Anglais et sept Allemands (de ces derniers, deux venus de Londres et un venu de Genève) ; par contre il y eut vingt Français (dont deux venus de Londres), sept Suisses français (dont un venu de Londres), un Espagnol et cinquante-six Belges.

hostiles aux proudhoniens (et elles forment la majorité !). Si Dupont pouvait aller passer quelques semaines à Paris, tout s'arrangerait.

Dès ce moment, Marx a nettement pris position. Il veut être dictateur. L'Internationale est désormais sa chose, et il a eu le cynisme d'écrire à Engels : « A la prochaine révolution, nous (c'est-à-dire *toi* et *moi*) aurons ce puissant instrument *dans nos mains* ».

Lorsque, après la guerre de 1870, des hommes clairvoyants dénonceront le « pangermanisme » de Marx et du Conseil général, Marx ne relèvera cette imputation que pour s'en faire gloire. Eh bien, oui, dira-t-il en se rengorgeant, je suis Allemand et bon Allemand (*von Haus aus ein Deutscher*) ; par moi la *science allemande* s'est imposée au Conseil général : félicitez-vous-en ! Il écrit en effet à son ami Bolte, à New-York, le 23 novembre 1871 (1) :

On prétend qu'au Conseil général règne le pangermanisme et le bismarckisme. Le fait est que j'ai le tort impardonnable d'être un Allemand, et d'exercer sur le Conseil général une influence intellectuelle décisive. Notez que dans le Conseil l'élément allemand est numériquement trois fois plus faible que l'élément anglais et que l'élément français. Notre crime consiste donc en ceci, que les éléments anglais et français sont, en matière de théorie, *dominés* par l'élément allemand ; de cette domination, qui est celle de la *science allemande*, ils se trouvent très bien et la regardent même comme indispensable.

(1) *Briefe von J. Ph. Becker, J. Dietzgen, Fr. Engels, Karl Marx, und Anderen, an F.-A. Sorge und Andere* (Stuttgart, Dietz, 1906), p. 40.

En 1880, lorsque sera fondé en France le « Parti ouvrier » de Guesde, Malon, Lafargue, etc., Marx constatera avec orgueil que c'est à l'influence *allemande* qu'est due la naissance de cet organisme politique. Il écrit à Sorge, le 5 novembre 1880 (1) :

Malon a été obligé de se convertir au « socialisme moderne scientifique », c'est-à-dire au socialisme *allemand*... L'*Emancipation*, qui a commencé à paraître à Lyon, sera l'organe du « Parti ouvrier », qui s'est constitué sur la base du socialisme *allemand*... Longuet a si bien travaillé, que Clemenceau vient de passer à nous, dans son récent discours prononcé à Marseille... Je n'ai pas besoin de te dire — car tu connais le chauvinisme français — que les ficelles secrètes au moyen desquelles les *leaders*, de Guesde et Malon jusqu'à Clemenceau, ont été mis en mouvement, doivent rester *entre nous*. Il n'en aut pas parler. Quand on veut agir pour Messieurs les Français, il faut le faire anonymement, pour ne pas chobuer le sentiment *national*.

Comme tout cela est édifiant !

Au Congrès de la Paix, à Genève, la déclaration de l'Internationale fut lue à la tribune par James Guillaume, dans la première séance (lundi 9 septembre), et chaleureusement applaudie par une partie de l'assemblée. Elle provoqua une protestation de quelques économistes, MM. de Molinari, Dameth, Cherbuliez, etc., lue le lendemain mardi ; le même jour, Dupont, le président du Congrès de Lausanne, fit un énergique

(1) Correspondance de Sorge, p. 170.

discours dont la conclusion était : « Croyez-vous que lorsque les armées permanentes seront dissoutes et transformées en milices nationales, nous aurons la paix perpétuelle ? Non, citoyens, la révolution de juin 1848 est là pour répondre... Pour établir la paix perpétuelle, il faut anéantir les lois qui oppriment le travail, anéantir tous les privilèges, et faire de tous les citoyens une seule classe de travailleurs : en un mot, accepter la révolution sociale avec toutes ses conséquences. » Garibaldi, le 11, dans une conversation particulière avec quelques délégués de l'Internationale (Tolain, Dupont, Murat, Chemalé, Fribourg, De Paepe, James Guillaume), leur fit cette déclaration : « Je suis d'accord avec vous. Guerre aux trois tyrannies : politique, religieuse et sociale. Vos principes sont les miens. » — Bakounine, qui, pour la première fois depuis son évasion de Sibérie en 1861, prenait la parole dans une assemblée publique, avait dit le 10 à la tribune : « La Russie ne se relèvera qu'en adoptant les principes du fédéralisme et du socialisme, n'en déplaise à M. de Molinari qui a protesté contre les socialistes » ; et le lendemain Ch. Longuet, exposant à son tour les idées du socialisme fédéraliste, disait : « Hier, un proscrit de la Russie du tsar, un grand citoyen de la Russie future, Bakounine, les exprimait avec l'autorité du lutteur et du penseur ». — Enfin, le 12, De Paepe lisait un discours où, en s'affirmant républicain et fédéraliste, il ajoutait :

« Mais nous ne voulons pas d'une république nominale et d'une fédération illusoire. La république, nous la voulons dans les faits, et surtout dans les faits économiques...; le fédéralisme, nous ne le voulons pas seulement en politique, mais en économie sociale. » — Le proudhonien Chaudey, qui aurait voulu rapprocher la démocratie bourgeoise et les travailleurs socialistes, essaya, dans un discours habile, d'indiquer les conditions d'une transaction ; et l'organisateur du congrès, Emile Acollas, homme sincère, jurisconsulte distingué, crut que le rapprochement souhaité s'était accompli effectivement dans les esprits ; il écrivit dans le journal le *Temps* : « La politique et l'économie se sont reconnues et réconciliées dans la justice. » Mais ce n'était qu'une illusion ; et dès l'année suivante il fallut constater qu'entre le socialisme et la démocratie bourgeoise il y avait un fossé que rien ne pouvait combler.

IV

L'Internationale poursuivie à Paris (décembre 1867) : procès de la première et de la seconde Commission parisienne, et dissolution du Bureau de Paris (mars-juin 1868). — Troisième Congrès de l'Internationale, à Bruxelles ; second Congrès de la Paix et de la Liberté, à Berne (septembre 1868).

Conformément à son règlement, le Bureau de Paris renouvela sa Commission administrative après le Congrès de Lausanne. Nous connaissons les noms des quinze membres de la nouvelle Commission : ce sont Chemalé, Tolain, Héligon, Camélinat, Murat, Perrachon, Fournaise, Gauthier, Bellamy, Guiard, Delahaye, Delorme, anciens membres réélus ; et trois nouveaux, Dauthier, sellier, Gérardin, peintre en bâtiments, et Bastien, corsetier. Fribourg, Varlin et Bourdon ne font plus partie de la Commission. Les trois correspondants sont maintenant Murat, Camélinat et Gérardin.

Les événements d'Italie prennent la première place dans l'attention publique, en octobre et novembre. Garibaldi, au Congrès de la

Paix, avait demandé que la papauté fût déclarée déchue ; rentré en Italie, et s'apprêtant à exécuter la sentence, il enrôlait ouvertement des volontaires : le gouvernement italien le fit arrêter le 24 septembre, et le renvoya dans son île de Caprera ; il s'en échappa quelques jours après. Arrêté de nouveau à Livourne le 3 octobre, il s'évade encore, vient à Florence le 21, et de là va prendre le commandement de ses bandes, qui se dirigent sur Rome. Napoléon III envoie de Toulon des troupes françaises commandées par le général de Failly, pour défendre le pape contre les garibaldiens. A cette nouvelle, le peuple parisien s'agite : le 4 novembre, une grande manifestation a lieu sur le boulevard Bonne-Nouvelle, et de nombreux membres de l'Internationale y prennent part. La veille, à Mentana, les chassepots français « avaient fait merveille », les héroïques volontaires garibaldiens avaient été décimés ; Garibaldi lui-même, arrêté après le combat par les autorités italiennes, fut retenu prisonnier, puis reconduit encore à Caprera.

Le gouvernement français, qui avait toléré l'Internationale depuis 1865, commençait à s'inquiéter des tendances révolutionnaires de l'Association, hautement manifestées par la plupart de ses délégués à Lausanne et à Genève. Il résolut de sévir. Le 30 décembre, des visites domiciliaires étaient opérées chez Tolain, Murat, Héligon et Chemalé, puis une instruction fut ouverte. Menacés de poursuites comme représentant une société non autorisée et comme dirigeant une société secrète, les membres de la Commission invitèrent, le 19 février 1868, les adhérents du Bureau de Paris à nommer une Commission nouvelle ; et le 1er mars, en publiant les noms de douze candidats, ils firent savoir que la Commission à élire serait composée de neuf membres. Les votes furent reçus au siège social jusqu'au dimanche 8 mars ; le dépouillement du scrutin fit sortir de l'urne les noms suivants : Bourdon, graveur ; Varlin, relieur ; Malon, teinturier ; Combault, bijoutier ; Mollin, doreur ; Emile Landrin, ciseleur ; J.-B. Humbert, tailleur de cristaux ; Granjon, brossier ; Charbonneau, menuisier. Les trois correspondants furent Malon, Varlin et Landrin ; le caissier fut Granjon. Le siège du Bureau de Paris fut transféré dans un autre local, rue Chapon.

Deux jours avant la nomination de cette Commission nouvelle, les quinze membres de l'ancienne Commission avaient comparu (6 mars) devant la 6e Chambre du tribunal correctionnel ; le parquet avait abandonné l'inculpation de société secrète, et les prévenus n'étaient poursuivis que pour avoir fait partie d'une association non autorisée de plus de vingt personnes. Le 20 mars, après que Tolain eut présenté la défense commune, ils furent condamnés, par application des articles 291 et 292 du Code pénal et des articles 1er et 2 de la loi du

10 avril 1834 (1), à cent francs d'amende chacun, et « l'Association Internationale des Travailleurs établie à Paris sous le nom de Bureau de Paris » fut déclarée dissoute.

Appel ayant été fait de ce jugement, l'appel fut plaidé devant la Cour impériale le 22 avril ; la défense commune fut présentée par Murat ; le jugement de première instance fut confirmé le 29 avril (2).

Cependant, la Commission élue le 8 mars entendait continuer l'œuvre de ses prédécesseurs, et elle s'occupa tout d'abord à essayer de rétablir les listes d'adhérents, qui avaient été saisies. Le 27 mars, elle recevait de Genève une lettre adressée à Varlin, sollicitant l'appui des ouvriers français pour la grève du bâtiment qui venait d'éclater dans cette ville. La Commission n'hésite pas : elle fait appel, par la voie de la presse, à la solidarité des travailleurs de France ; et bientôt elle reçoit pour les grévistes des sommes assez importantes. Un délégué de Genève vient à Paris, et de là se rend à Londres, où il sollicite l'appui des Trades Unions, sans pouvoir obtenir d'elles un secours effectif. Mais le parquet impérial veille : des perquisitions sont faites rue Chapon et chez Varlin,

(1) Ces articles du Code pénal, ainsi que la loi du 10 avril 1834, punissant les membres d'une association non autorisée, n'ont été abrogés que par la loi du 1er juillet 1901.

(2) Les quinze condamnés, voulant épuiser toute la série des juridictions, se pourvurent en cassation contre cet arrêt ; leur pourvoi fut rejeté par la Cour de cassation le 12 novembre 1868.

et des poursuites sont intentées contre les audacieux qui ne se sont pas laissé intimider par la condamnation de leurs devanciers.

Le 22 mai, les neuf membres de la seconde Commission comparaissent devant la sixième Chambre correctionnelle; Varlin présente la défense commune, et le tribunal, après avoir prononcé de nouveau la dissolution de « l'Association Internationale des Travailleurs, établie à Paris sous le nom de Bureau de Paris », condamne les prévenus chacun en trois mois de prison et cent francs d'amende.

Les condamnés allèrent en appel devant la Cour impériale le 19 juin, et ce fut Combault qui prit la parole; le jugement de première instance fut confirmé le 24 juin. Les neuf membres de la Commission dissoute entrèrent à Sainte-Pélagie le 15 juillet pour y subir leur peine.

L'Internationale avait donc cessé d'avoir une existence légale à Paris; toutefois, ses adhérents purent rester individuellement membres de l'Association, en qualité d'affiliés à une société étrangère ayant son siège à Londres.

Mais le moment était arrivé où, sous la poussée du mécontentement croissant de la classe ouvrière, et des attaques, devenues plus hardies, de l'opposition républicaine, l'édifice impérial allait commencer à être sérieusement ébranlé. Une nouvelle loi sur la presse (11 mai) donna quelque liberté aux journalistes, qui en profitèrent aussitôt : le 30 mai paraissait le premier numéro du pamphlet hebdomadaire de Rochefort, la *Lanterne*, dont l'influence sur l'opinion fut énorme (1); et le 2 juillet Delescluze commençait la publication du *Réveil*. Une autre loi (6 juin) autorisa, sous certaines conditions, les réunions publiques ; et dès le 28 juin commença, au Tivoli-Vauxhall, une première série de réunions, qui se continua ensuite à la Redoute (rue J.-J.-Rousseau); d'autres locaux s'ouvrirent bientôt, le Pré-aux-Clercs, la Gaîté-Montparnasse, le Vieux-Chêne (quartier Mouffetard), la salle Molière (quartier Saint-Martin), les Folies-Belleville et la salle Favié (Belleville), etc.; des orateurs qui se faisaient entendre dans ces assemblées, les uns étaient des revenants de 1848, Gustave Lefrançais, Briosne, Millière, J.-A. Langlois, Ch. Beslay, etc., les autres des membres de la jeune Internationale, Chemalé, Tolain, Murat, Camélinat, Combault, etc., ou des blanquistes, Jaclard, Cournet, Raoul Rigault, Ranvier, etc.

Bakounine, après son apparition en septembre 1867 au Congrès de la Paix, n'était pas retourné en Italie : il s'était établi près de Vevey, en Suisse, et, devenu membre du Comité central de la Ligue de la Paix et de la Liberté, il se flattait de l'espoir d'entraîner cette Ligue vers le socia-

(1) Dès le mois d'août, Rochefort dut se réfugier à Bruxelles, mais la *Lanterne* continua d'entrer en France par des voies que la police fut impuissante à découvrir.

lisme. Au commencement de juin 1868, il avait réussi à faire vter au Comité une déclaration de principes qui énonçait entre autres la nécessité de « changer radicalement le système économique actuel », pour arriver « à l'affranchissement des classes ouvrières et à l'abolition du prolétariat ». En juillet, il se fit recevoir comme membre de la section centrale de l'Internationale de Genève, et, d'accord avec des internationalistes de cette ville, en particulier le vieil Allemand J.-Ph. Becker et le jeune Genevois Ch. Perron, il forma le projet d'un rapprochement entre la Ligue de la Paix et l'Association Internationale des Travailleurs. A cet effet, il fit décider, au Comité central de la Ligue, qu'une invitation serait adressée par son président au Congrès général de l'Internationale, qui allait se réunir à Bruxelles le dimanche 6 septembre, d'envoyer des délégués au second Congrès de la Paix, qui devait siéger à Berne du 21 au 25 septembre. Marx s'émut de cette démarche : il crut à une manœuvre de Bakounine pour s'emparer de la direction de l'Internationale, et dès ce moment il entra en campagne contre le révolutionnaire russe, comme on le verra plus loin.

Un certain nombre de sociétés ouvrières de Paris — sociétés de résistance ou chambres syndicales — avaient résolu de se faire représenter au Congrès de Bruxelles (1). L'Interna-

(1) Une de ces sociétés était la Chambre syndicale des méca-

tionale, d'autre part, possédait dans différentes villes de France, Rouen, Lyon, Marseille, etc., des groupements qui n'avaient pas été poursuivis, et qui décidèrent également d'envoyer des délégués à ce congrès. La perspective d'une forte participation de la France au congrès n'était pas agréable à Marx, qui s'était promis d'y « donner le coup de grâce à ces ânes de proudhoniens »; il continuait à se figurer qu'on intriguait, en France, pour déplacer le Conseil général, et croyait qu'un projet avait été formé, d'accord avec les Belges, pour le transférer à Bruxelles. On trouve l'écho de ces préoccupations dans ses lettres à Engels ; il lui écrit, le 29 août, pour se

niciens, qui choisit pour son délégué Murat ; au troisième procès, audience du 30 juin 1870, celui-ci a raconté sa nomination de la façon suivante : « J'eus l'honneur d'être délégué par les mécaniciens pour prendre part aux délibérations du Congrès ouvrier de Bruxelles ; mon élection eut lieu au scrutin, en assemblée générale, dans une salle du passage Raoul, où beaucoup de sociétés ouvrières étaient autorisées alors à tenir leurs séances ; il n'y eut là rien de secret, et les frais de ma délégation furent payés par les mécaniciens... En raison des lois françaises, qui seules en Europe frappaient l'Association Internationale, les délégués des sociétés ouvrières françaises furent admis au congrès sur le même pied que les autres délégués, quoique les sociétés qui les envoyaient ne fussent pas adhérentes à l'Internationale [c'est-à-dire « membres de l'Association »]. Il en fut de même lors du Congrès de Bâle en 1869 : je fus élu en assemblée générale, dans une réunion autorisée, à laquelle assistait un agent de l'autorité, comme dans toutes les réunions de sociétés ouvrières. » — La salle du passage Raoul était un local scolaire, mis à la disposition de la « Commission d'encouragement aux études des ouvriers » (établie le 29 novembre 1866 par le gouvernement, sous la présidence de M. Devinck) par le maire du XIe arrondissement ; de nombreuses réunions ouvrières y furent tenues de septembre 1867 à août 1869. (Albert Thomas, *Le Second Empire*.)

féliciter que les membres de la Commission parisienne, condamnés au second procès, soient à Sainte-Pélagie et ne puissent prendre part au Congrès :

Heureusement que nos vieilles connaissances, à Paris, sont sous les verrous. Le Comité parisien (1) n'enverra qu'un seul délégué à Bruxelles ; mais les différents corps de métier en enverront huit ou neuf.

Et le 12 septembre :

Le congrès, heureusement, finit demain, et jusqu'à jeudi [le 10] il ne s'est pas trop compromis. M. Tolain et d'autres Parisiens veulent transférer le Conseil général à Bruxelles. Ils sont jaloux de Londres. Un grand progrès a tout de même été réalisé : les *braves Belges* (2) et les Français, ces proudhoniens qui, à Genève et à Lausanne, avaient déclamé dogmatiquement contre les Trades Unions, en sont maintenant les plus fanatiques partisans. Les *braves Belges*, avec toute leur vantardise, n'avaient rien prévu : le correspondant du *Daily News*, par exemple, a cherché inutilement pendant trois jours le local du congrès, jusqu'à ce qu'enfin il a rencontré par hasard Jung et Stepney.

Paris envoya treize délégués à Bruxelles, savoir : Tolain, pour l'Association des balanciers ; Murat, pour l'Association des mécaniciens ; Albert Theisz, bronzier, pour l'Association des bronziers ; Edouard Roussel, ferblantier, pour l'Asso-

(1) Marx semble n'avoir pas su exactement les noms des Parisiens emprisonnés, et avoir confondu les membres de la seconde Commission et ceux de la première. Remarquons qu'il n'y avait plus de « Comité parisien » de l'Internationale. Peut-être Marx veut-il parler de la Commission ouvrière de l'Exposition Universelle de 1867, qui se fit représenter à Bruxelles.

(2) En français dans l'original.

ciation des ferblantiers, tourneurs et repous-
seurs ; Gustave Durand, bijoutier, pour l'Association des bijoutiers ; Louis Pindy, menuisier,
pour l'Union syndicale des ouvriers du bâtiment :
Gabriel Ansel, porcelainier, pour la Société céra-
mique ; Alphonse Delacour, relieur, pour l'Association des relieurs (désignée par le Compte rendu
officiel du congrès comme section de l'Internationale) ; Irénée Dauthier, sellier, pour l'Association des selliers-bourreliers ; Emile Dosbourg,
imprimeur, pour l'Association des imprimeurs
sur étoffes ; Flahaut, marbrier, pour l'Association
des marbriers ; Eugène Tartaret, ébéniste, délégué de la Commission ouvrière de l'Exposition
Universelle ; Henry, mécanicien, président de la
Commission ouvrière de l'Exposition et délégué
de l'Association des robinettiers.

Il y avait encore cinq autres délégués venus
de France : Alexandre Lemonnier, tailleur, pour
la section de Marseille ; Aimé Grinand, tisseur,
pour la section de Lyon ; Albert Richard, tisseur
(*sic*), pour les sections de Lyon et de Neuville-
sur-Saône ; Emile Aubry, lithographe, pour la
section de Rouen ; Charles Longuet, journaliste,
pour les sections de Caen et de Condé-sur-
Noireau.

D'Angleterre il était venu sept membres du
Conseil général : Lucraft, Shaw et Cowell Stepney, Anglais ; Eccarius et Lessner, Allemands ;
Dupont, Français ; Jung, Suisse ; un délégué de
la Branche française de Londres, Matens ; et trois

ouvriers anglais de Hull. L'Allemagne avait quatre délégués, auxquels il faut joindre un Allemand venu de Genève, J.-Ph. Becker. Il y avait en outre cinquante-six Belges, sept Suisses français; plus un Espagnol, Marsal Anglora, mécanicien, de Barcelone, délégué de la « Légion Ibérique du Travail », et que le Compte rendu du congrès désigne par l'anagramme de son nom, *Sarro Magallan*. Un révolutionnaire sicilien, ami de Bakounine, Saverio Friscia, avait été délégué par une section fondée à Catane; mais il arriva trop tard pour le Congrès de l'Internationale; il prit part, quelques jours plus tard, à celui de la Ligue de la Paix à Berne.

Le Congrès de Bruxelles fut présidé par Jung, et ensuite par Dupont.

Sur la question de la propriété foncière, la majorité du congrès se prononça en faveur de la propriété collective du sol; mais, à cause du grand nombre des abstentions, il fut décidé que la question serait remise à l'étude pour être replacée à l'ordre du jour du congrès de l'année suivante. Sur la question des machines, les délégués furent unanimes à déclarer que les machines et tout l'outillage social devaient appartenir aux travailleurs. Sur la question de la guerre, le congrès, après un rapport présenté par Ch. Longuet, vota une résolution disant entre autres : « Le Congrès recommande surtout aux travailleurs de cesser tout travail dans le cas où une guerre viendrait à éclater dans leurs pays respectifs ». Dans sa lettre à Engels du 16 septembre, Marx se moque de cette résolution, qu'il appelle : « La sottise belge (*den belgischen Blödsinn*) de vouloir faire grève contre la guerre ».

Dans la dernière séance du congrès, Dupont, président, prononça un discours de clôture qui se terminait par ces mots :

Les cléricaux disent : « Voyez ce congrès, il déclare qu'il ne veut ni gouvernement, ni armées, ni religion ». Ils disent vrai : nous ne voulons plus de gouvernements, car les gouvernements nous écrasent d'impôts ; nous ne voulons plus d'armées, car les armées nous massacrent ; nous ne voulons plus de religion, car les religions étouffent l'intelligence.

L'invitation adressée au Congrès de l'Internationale, au nom du Comité central de la Ligue de la Paix, par le président de ce Comité, Gustave Vogt, disait que la Ligue voulait « lui exprimer ses profondes sympathies et lui transmettre ses vœux ardents pour le succès de la réforme sociale, but élevé de l'Association Internationale des Travailleurs » ; elle ajoutait : « Courage, amis, et tous ensemble brisons aussi bien les barrières que les préjugés et d'injustes institutions ont élevées entre les diverses parties du corps social, que les barrières de haine au nom desquelles on a jusqu'ici rué les uns sur les autres des peuples faits pour se respecter et s'aimer mutuellement ». Cette fois, la majorité des délégués de l'Internationale se rangea à l'avis que les représentants du Conseil général de Londres, soufflés par Karl Marx, exprimèrent avec quelque brutalité, à savoir que la Ligue de la Paix n'avait pas de raison d'être en présence de l'existence de l'Internationale ; en conséquence, le Congrès de Bruxelles, malgré l'opposition d'une minorité, De Paepe, Perron, Longuet, J.-Ph. Becker, etc., vota une résolution « invitant cette Société [la Ligue de la Paix] à se joindre à elle [l'Internationale] (1), et ses membres à se faire recevoir dans l'une ou l'autre des sections de celle-ci ». Se joindre à l'Internationale, devenir membre d'une section de l'Association, c'est ce qu'avait déjà fait Bakounine pour son compte personnel dès le mois de juillet, et ce qu'il allait décider une fraction des membres de la Ligue à faire par une démarche collective, quoique la forme en laquelle on avait fait exprimer à la majorité du Congrès de Bruxelles son opinion à l'égard de la Ligue lui eût paru « une impertinence » (2). Les membres de la Commission parisienne détenus à Sainte-Pélagie, Varlin, Malon, Combault, Landrin, Mol-

(1) Une rédaction incorrecte de la résolution, communiquée à la presse, avait substitué aux mots : « invitent cette Société à se joindre à elle », ceux-ci : « invitent cette Société à se dissoudre ». Le Compte rendu officiel du Congrès rectifia cette erreur.

(2) Dans la lettre à Gustave Vogt où il parle ainsi, Bakounine ajoutait : « La décision prise au Congrès de Bruxelles ne doit point être considérée par nous comme une expression des sentiments de la masse des ouvriers qui ont été représentés, mais comme celle de la méfiance ou même, si tu veux, de la malveillance d'une certaine coterie dont tu as sans doute aussi bien deviné le centre que moi. »

lin, Granjon, Humbert, partagèrent l'opinion de la minorité de Bruxelles, et crurent devoir protester publiquement ; ils envoyèrent au Congrès de Berne une adresse ainsi conçue :

Citoyens,

En présence de la résolution prise par le Congrès de Bruxelles, relativement à la Ligue de la Paix et de la Liberté, les soussignés, membres de l'Association Internationale, pensent :

1° Qu'au point de vue des principes qui font la base de l'Association Internationale, les délégués, envoyés au congrès pour délibérer sur un ordre du jour déterminé, n'avaient pas mandat de prendre une résolution de cette importance sans consulter leurs groupes ;

2° Qu'au point de vue de la liberté dont nous poursuivons la conquête, le droit de se croire la seule expression des aspirations d'une époque ne peut appartenir à aucune association isolée.

En conséquence,

Nous nous plaisons à reconnaître l'utilité de la Ligue de la Paix et de la Liberté à côté de l'Association Internationale des Travailleurs, et croyons que la diversité des éléments respectifs qui les composent s'oppose à leur fusion.

Nous regrettons donc l'invitation de se dissoudre (1) adressée à la Ligue par les membres du Congrès de Bruxelles ; cette détermination ne peut engager que ses auteurs.

Nous profitons de cette occasion pour vous envoyer l'expression et l'assurance de nos sympathies.

Prison de Sainte-Pélagie, 17 septembre 1868.

On sait qu'à Berne, à la suite d'un débat sur

(1) Voir la note de la p. 52.

le socialisme, où la majorité — comprenant entre autres Gustave Chaudey, Fribourg (1), membre de l'Internationale parisienne, Bebel, qui venait de présider un congrès de sociétés ouvrières allemandes à Nuremberg, et le radical allemand Ladendorf — avait repoussé une proposition présentée par Bakounine, la minorité des délégués, comprenant dix-huit membres, se sépara de la Ligue et fonda, le 25 septembre, l'*Alliance Internationale de la Démocratie socialiste*, qui déclara se constituer en une branche de l'Association Internationale des Travailleurs, dont elle acceptait les statuts généraux. Cette minorité pensait répondre ainsi à l'invitation du Congrès de Bruxelles.

(1) Fribourg, dès ce moment, avait commencé une évolution qui l'amena en 1871 — ainsi que quelques autres ex-ouvriers parisiens, Tolain, Murat, Héligon — à se ranger parmi les adversaires de la Commune de Paris.

V

Grands progrès de l'Internationale. Quatrième Congrès, à Bâle (septembre 1869).

Les membres de la seconde Commission parisienne, entrés à Sainte-Pélagie le 15 juillet 1868, en sortirent le 15 octobre. L'un d'eux, Malon, fit, peu de temps après, un voyage en Suisse ; et dans ce voyage il devint membre d'une société secrète fondée en 1864 par Bakounine et quelques-uns de ses amis, la Fraternité Internationale, société dont faisaient déjà partie en France Elie et Elisée Reclus, Aristide Rey, Alfred Naquet, etc. Mais cette participation de Malon à l'organisation secrète fut de très courte durée, la Fraternité ayant été dissoute en février 1869 à la suite d'un conflit entre quelques-uns de ses membres. Une nouvelle organisation secrète fut reconstituée immédiatement par les premiers fondateurs, Bakounine, Fanelli et Friscia ; les frères Reclus, Naquet et Malon n'en firent pas partie, non plus que Perron, Joukovsky et Mroczkowski, qui avaient appartenu à la Fraternité ; par contre James Guillaume, Schwitzguébel, Varlin, Charles Keller, Robin, Palix, Sentiñon, Farga-Pellicer, etc., devaient en devenir membres au cours de l'année 1869.

Le foyer de propagande créé à Paris rue des Gravilliers au commencement de 1865 n'existait plus. Mais le travail de diffusion des idées, d'une part, et celui d'organisation ouvrière, de l'autre, n'en continuait pas moins, et avec une ardeur croissante. C'était au sein des sociétés de résistance que les organisateurs comme Varlin, Theisz, Pindy, Camélinat, Murat, etc., dépensaient la plus grande part de leur activité silencieuse; et la propagande des idées se faisait maintenant dans les réunions publiques, avec un succès qui étonnait les initiateurs eux-mêmes. Varlin, Combault, Bourdon et Malon avaient accepté de devenir collaborateurs d'un journal hebdomadaire qui fut fondé à Genève à la fin de 1868, l'*Egalité*, organe de la Fédération des sections romandes de l'Internationale, journal dont Bakounine, Perron, J. Guillaume et Schwitzguébel furent les principaux rédacteurs (De Paepe, Eccarius, J.-Ph. Becker, et plus tard Paul Robin, y collaborèrent aussi). Dans une des premières correspondances envoyées de Paris à ce journal, Combault parlait (numéro du 20 mars 1869) du mouvement des réunions publiques ; répétant la parole dite dans une de ces réunions, il déclarait que « l'Association Internationale des Travailleurs n'avait jamais si bien fonctionné en France que depuis qu'elle était dissoute » ; et il en donnait entre autres cette preuve, qu'une grève de rubaniers ayant éclaté à Bâle en novembre 1868, et un appel ayant été, à cette occasion, adressé de cette ville aux ouvriers de Paris, il avait suffi qu'un membre de l'Internationale, Héligon, parlât de cette grève dans une réunion publique, pour qu'aussitôt tous les orateurs tinssent à honneur de faire le récit des événements de Bâle dans toutes les réunions, qu'on y fît des collectes, et que toutes les corporations organisassent des souscriptions. « La dissolution du Bureau de Paris, ajoutait Combault, a eu pour résultat, en dispersant un groupe d'adhérents réguliers de quelques centaines de membres, de faire adhérer en principe et en fait — quoique irrégulièrement — tout ce qui pense et agit parmi la population travailleuse de Paris. »

Comme la hardiesse des orateurs allait croissant, le gouvernement s'émut : des poursuites furent intentées à quelques-uns des plus violents. Dans cette même lettre, Combault écrivait : « Les poursuites se multiplient, les condamnations deviennent de plus en plus fortes ; trois et six mois de prison sont l'ordinaire que l'on applique aux orateurs ; notre ami Briosne, l'un des orateurs populaires les plus estimés et les plus capables, vient de se voir condamné à un an. »

Dans une autre correspondance de Paris (numéro du 3 avril), écrite probablement par Varlin, on lit :

Les huit mois de discussions des réunions publiques ont fait découvrir ce fait étrange, que la majorité des ouvriers activement réformateurs est communiste. Le mot de *communisme* soulève autant de haine dans le camp des conservateurs de toute sorte que la veille des journées de Juin. Bonapartistes, orléanistes, cléricaux et libéraux s'entendent avec un touchant ensemble pour crier sus à l'infâme, au pelé, au galeux... La grande majorité des orateurs des réunions publiques (on peut dire presque tous ceux qui proclament le communisme) sont emprisonnés, condamnés ou assignés.

C'était en 1869 que devait avoir lieu le renouvellement du Corps législatif, et de bonne heure Paris se prépara aux élections. Nous ne songeons pas à retracer ici l'histoire de la lutte électorale. On sait comment, en novembre 1868, le procès intenté à quelques journaux qui avaient ouvert une souscription pour élever un monument sur la tombe du représentant Baudin, tué sur une barricade le 3 décembre 1851, mit brusquement en lumière le nom de Gambetta, le jeune avocat destiné à une si brillante fortune politique ; l'opinion le désigna aussitôt comme le candidat par excellence des revendications démocratiques ; à côté de lui, le pamphlétaire Rochefort, contre Hippolyte Carnot ; le rhéteur Bancel, qui se présenta contre Emile Ollivier comme *irréconciliable*, et le vieux Raspail, furent les candidats favoris de la foule ; plusieurs survivants de la démocratie bourgeoise de 1848, ou leurs héritiers, dont quelques-uns étaient déjà en possession d'un mandat, se mirent aussi sur les rangs. Dans une correspondance envoyée plus tard à l'*Egalité* de Genève, Varlin expliquait ainsi l'attitude que prirent les socialistes parisiens dans la lutte électorale :

Le parti socialiste n'a pas présenté de candidats aux élections générales ; mais les orateurs socialistes ont fait prendre aux candidats radicaux que le peuple acclamait, et qu'il était impossible de ne pas nommer, des engagements qu'ils ne devaient pas tenir, afin de désillusionner le peuple sur leur compte.

Les élections eurent lieu les 23 et 24 mai ; quatre-vingt-douze opposants à l'empire furent nommés : Gambetta fut élu à Paris (Belleville) et à Marseille, Bancel à Paris et à Lyon ; Rochefort échoua.

Dans la classe ouvrière, les revendications s'exprimaient au moyen de la grève. Les mouvements grévistes de Genève (bâtiment, typographes, mars-avril) et de Lausanne (bâtiment, mai), ceux de Belgique (massacres de Seraing et de Frameries, avril), avaient en France un grand retentissement (1). En juin, les mineurs de Saint-Etienne, de Rive-de-Gier et de Firminy se mirent en grève ; le 17, une collision sanglante (massacre de la Ricamarie) eut lieu entre

(1) Karl Marx rédigea au nom du Conseil général un manifeste à l'occasion des massacres de Seraing et de Frameries. Il l'écrivit en anglais, et en fit ensuite lui-même (évidemment avec l'aide de Dupont ou de Jung) la traduction en français. Voici ce qu'il écrit à Engels à ce propos, le 8 mai 1869 : « J'ai été forcé de faire la version française. Je voulais d'abord envoyer aux Belges le texte original anglais ; mais notre secrétaire pour la Belgique, Bernard, Français de naissance, déclara au Conseil, mardi dernier, que si on laissait les Belges, qui savent à moitié l'anglais, et pas du tout le français, faire eux-mêmes la traduction, il vaudrait mieux renoncer complètement au manifeste. J'ai donc été obligé de céder. »

la troupe et une foule surexcitée : il y eut une quinzaine de morts et un grand nombre de blessés.

Cette tuerie fit une profonde impression sur l'opinion, et aviva les haines contre le gouvernement impérial. En juillet, les ouvrières ovalistes (dévideuses de soie) de Lyon se mirent en grève au nombre de huit mille ; leur attitude énergique, et les secours qui leur furent envoyés de partout, obligèrent les patrons à capituler.

Le Congrès général annuel de l'Internationale devait avoir lieu à Bâle en septembre. Les jugements de la 6e Chambre n'avaient dissous que le Bureau de Paris ; les sections de province, par un manque de logique qui dénonce l'incohérence des magistrats bonapartistes, n'avaient pas été poursuivies ; et, en outre, le droit d'être individuellement membres de l'Internationale n'avait pas été dénié à ceux qui s'affiliaient soit directement à Londres, soit auprès d'un correspondant du Conseil général, correspondant résidant à Paris et qui fut désigné le 27 juillet 1869 en la personne du mécanicien Murat (1).

La Société des ouvriers et ouvrières relieurs et relieuses de Paris s'était constituée publiquement en section de l'Internationale, et n'avait pas été poursuivie. En mai 1869, un manifeste signé par son président Varlin engagea les

____

(1) Le Conseil général désigna en outre Albert Richard comme son correspondant à Lyon.

autres sociétés ouvrières de Paris à se faire représenter au Congrès de Bâle ; et cet appel, comme on le verra, fut entendu.

En outre, plusieurs sociétés ouvrières parisiennes désiraient se constituer en un groupement de syndicats, en une Chambre fédérale des sociétés ouvrières. Un projet fut élaboré à cet effet ; il porte la date du 3 mars 1869 ; il est signé par Drouchon, mécanicien, Soliveau, imprimeur en taille-douce, et Theisz, ciseleur ; présenté le 30 mai à une réunion de délégués de divers groupes corporatifs, il y fut adopté ; une seconde réunion eut lieu le 20 juin ; mais l'autorité interdit alors toute réunion ultérieure. Les délégués de trente sociétés ouvrières adressèrent au préfet de police, le 16 juillet, une lettre demandant des explications ; le préfet n'ayant pas répondu, une autre lettre fut écrite, le 23 juillet, au ministre de l'intérieur, qui ne répondit pas davantage. Alors, vers la fin d'août, les sociétés ouvrières lancèrent un manifeste énergique saisissant l'opinion publique de leur protestation. Ce manifeste (1) disait : « Il ne convient plus à notre dignité de vivre sous cette tutelle. Nous ne pouvons subir plus longtemps cette situation de dupes. Aussi, convaincus que nul ne peut limiter le cercle de nos études et de notre action, nous, délégués des sociétés ouvrières de Paris, nous revendiquons hautement, comme un droit

(1) Il est reproduit, entre autres, dans l'*Egalité*, de Genève, du 4 septembre 1869.

primordial, inaliénable, le droit de réunion et d'association sans restriction aucune, et nous nous déclarons résolus à poursuivre, par tous les moyens dont nous pouvons disposer, la discussion du projet de statuts de notre fédération. » Nous verrons plus loin (chap. VI) la suite donnée à cette audacieuse et tranquille affirmation de la volonté ouvrière.

Le Congrès de Bâle eut lieu du dimanche 5 au dimanche 12 septembre 1869. Douze sociétés ouvrières de Paris s'y firent représenter, savoir :

La section des ouvriers et ouvrières relieurs et relieuses : délégué, Varlin, relieur ;

Les ouvriers bronziers : délégué, Landrin, monteur en bronze ;

La Société de prévoyance et de solidarité de la bijouterie : délégué, Durand, bijoutier ;

La Société de résistance des ferblantiers : délégué, Roussel, ferblantier ;

La Chambre syndicale des marbriers : délégué, Flahaut, marbrier ;

La Chambre syndicale des mécaniciens : délégué, Murat, mécanicien ;

La Chambre syndicale des menuisiers : délégué, Pindy, menuisier ;

La Société de résistance des imprimeurs-lithographes : délégué, Franquin, imprimeur-lithographe ;

La Chambre syndicale des tourneurs sur métaux : délégué, J.-A. Langlois, publiciste ;

La Chambre syndicale et professionnelle des cordonniers : délégué, Dercure, cordonnier ;

L'association la Liberté des charpentiers : délégué, Fruneau, charpentier ;

Les ouvriers marbriers : délégué, Tartaret, ébéniste pour marbriers.

En outre, Mollin, doreur, était délégué du Cercle parisien des prolétaires positivistes, et Chemalé, métreur-dessinateur, délégué des adhérents parisiens de l'Internationale.

La province comptait treize délégués : Dosbourg, imprimeur sur étoffes, délégué du Crédit mutuel des imprimeurs sur étoffes de Saint-Denis ; Aubry, lithographe, délégué de la Fédération ouvrière de l'arrondissement de Rouen ; Creusot, fileur, délégué de l'Association des fileurs de l'arrondissement de Rouen, à Sotteville ; Piéton, délégué du Cercle ouvrier des études économiques d'Elbeuf ; Bourseau, bronzier, délégué de l'association des bronziers et des fondeurs de Lyon ; Outhier, menuisier, délégué de l'Association des menuisiers de Lyon ; Albert Richard, délégué des corporations des ovalistes et des passementiers de Lyon ; Palix, tailleur, délégué des corporations des ovalistes et des tailleurs de Lyon ; Bakounine, publiciste (à Genève), délégué de la corporation des ovalistes de Lyon (1) ;

(1) Les sociétés ouvrières avaient droit à un délégué par cinq cents membres ; la corporation des ovalistes de Lyon, comptant huit mille membres, aurait eu droit à seize délégués : outre les mandats donnés à Richard et à Palix, elle avait envoyé un mandat à Bakounine, qui ne l'avait pas sollicité.

Monier, chapelier, délégué de la section des ovalistes de Saint-Symphorien-d'Ozon (Isère); Foureau, menuisier, délégué des sociétés des menuisiers, des tailleurs de pierres, des maçons, des vanniers, etc., de Marseille; Tolain, ciseleur (à Paris), délégué de l'Association des ouvriers boulangers de Marseille; Boudet, ouvrier en flanelles, délégué de la section de Limoges.

D'Allemagne étaient venus sept délégués, entre autres Rittinghausen et W. Liebknecht, auxquels il fallait joindre deux Allemands de Genève (Becker et Gœgg), un Allemand habitant Bâle (Janasch), un Allemand habitant Zurich (Greulich) et un Allemand de Paris (Hess). La Belgique avait fourni cinq délégués, Brismée, Hins, De Paepe, Bastin, le Français P. Robin; la Suisse romande onze (dont Heng, Brosset, J. Guillaume, Schwitzguébel, Fritz Robert: ce dernier fut secrétaire et rédigea le Compte rendu du congrès, qui fut imprimé à Bruxelles); la Suisse allemande onze (dont K. Bürkly, Bruhin, Starke, Collin); l'Autriche deux, Neumayer et Oberwinder; l'Italie un, le tailleur Caporusso, de Naples, auquel il fallait ajouter Bakounine, déjà nommé, qui avait un mandat des mécaniciens de Naples (Fanelli, délégué des associations ouvrières de Florence, tomba malade en route et ne put arriver à temps); l'Espagne deux, le typographe Farga-Pellicer et le médecin Sentiñon, tous deux de Barcelone; les Etats-Unis un, Cameron, délégué de la *National Labour*

Union. Le Conseil général de Londres était représenté par six de ses membres : Applegarth, charpentier, Lucraft, chaisier, Cowell Stepney, publiciste, Anglais ; Eccarius et Lessner, tailleurs, Allemands ; Jung, horloger, Suisse jurassien, qui présida le congrès.

Sur la question de la propriété foncière, le congrès affirma, par cinquante-quatre voix contre quatre, que « la société a le droit d'abolir la propriété individuelle du sol et de faire entrer le sol à la communauté ». Cinq délégués de Paris, Varlin, Flahaut, Franquin, Dereure, Tartaret, votèrent *oui ;* quatre, Tolain, — quoique son mandat, envoyé de Marseille, vînt d'une corporation « collectiviste », — Pindy, Chemalé et Fruneau, votèrent *non ;* les six autres s'abstinrent, Landrin, Durand, Roussel, Murat, Langlois, Mollin.

Sur la question de l'abolition de l'héritage, trente-deux voix se prononcèrent pour la proposition de la commission, disant que « le droit d'héritage devait être complètement et radicalement aboli ». Deux délégués de Paris, Varlin et Dereure, votèrent *oui ;* sept, Tartaret, Tolain, Pindy, Chemalé, Fruneau, Murat, Langlois, votèrent *non ;* les six autres s'abstinrent. — Dix-neuf voix seulement votèrent en faveur de la proposition du Conseil général, rédigée par Marx : cette proposition contenait simplement l'indication de mesures transitoires, extension de l'impôt sur les successions, limitation du droit de tester.

Tous les Parisiens votèrent *contre* cette proposition, excepté quatre (Landrin, Roussel, Mollin, Flahaut) qui s'abstinrent.

C'était sur la demande du Comité fédéral romand, à Genève, que la question de l'héritage avait été placée à l'ordre du jour du congrès ; et Marx avait vu là le résultat d'une intrigue de Bakounine. Le 27 juillet 1869, Marx écrit à Engels : « Ce Russe, cela est clair, veut devenir le dictateur du mouvement ouvrier européen. Qu'il prenne garde à lui ! sinon il sera officiellement excommunié. » Et Engels répond : « Le gros Bakounine est derrière tout cela, c'est évident. Si ce maudit Russe pense réellement à se placer, par ses intrigues, à la tête du mouvement ouvrier, il est grand temps de le mettre hors d'état de nuire. » Dans la *Communication confidentielle* (*Confidentielle Mittheilung*) du 28 mars 1870 (voir p. 73), Marx a écrit que si le Conseil général consentit à placer la question de l'héritage à l'ordre du jour du congrès, « ce fut afin de pouvoir assommer Bakounine d'un coup décisif ». Le coup s'étant retourné contre Marx (puisque sa contre-proposition n'obtint que dix-neuf voix), on comprend que celui-ci ait dû être furieux. Après le vote, Eccarius, qui était dans le secret, laissa échapper cette exclamation : *Marx wird sehr unzufrieden sein !* (« Marx sera très mécontent ! »). Ce propos a été rapporté par Bakounine, qui l'a entendu de ses oreilles.

Les délégués de Zurich, Bürkly et Greulich,

avaient proposé d'inscrire au programme du congrès une question qui n'y figurait pas, celle de la législation directe par le peuple, et même de la placer en tête de l'ordre du jour. Ils furent appuyés par les Allemands, Gœgg, Ritting-hausen, Liebknecht, et combattus par Robin, Schwitzguébel, Bakounine, Fritz Robert, Hins, Murat, Dereure. Le congrès décida que la question pourrait être discutée après l'épuise-ment de l'ordre du jour, si le temps le permet-tait (mais le temps ne le permit pas).

Ce fut le débat sur les sociétés de résistance qui mit le mieux en relief la conception fédéra-liste et anti-étatiste de la plupart des ouvriers français, suisses romands, belges, espagnols, italiens, en face de laquelle se dressait l'idée étatiste des social-démocrates allemands, suisses allemands, anglais. Toutefois, sans s'arrêter à délibérer sur des théories relatives à la société future, les délégués constatèrent, dans la résolu-tion votée, que le congrès était unanime à reconnaître la nécessité des sociétés de résis-tance, ainsi que la nécessité de leur fédération, et l'utilité de créer entre elles un lien interna-tional au moyen du Conseil général de l'Interna-tionale.

Le Congrès de Bâle fit comprendre à l'Europe que l'Internationale n'était pas une simple société d'études où on se contenterait de discuter académiquement des questions de vague philanthropie, mais que c'était l'organisation de combat par laquelle le prolétariat entendait marcher à son émancipation. Fribourg, dans le livre où il a cherché, en 1871, à justifier sa défection et celle d'une partie de ses amis, a prétendu qu'après Bâle, « il était évident pour tous que désormais Karl Marx, le communiste allemand, Bakounine, le barbare russe, et Blanqui, l'autoritaire forcené, formaient le triumvirat omnipotent » ; il en résultait, ajoute-il, que « l'Internationale des fondateurs français était morte, bien morte ». Mais cela n'était pas : l'Internationale parisienne avait eu d'autres fondateurs que des hommes comme Tolain et Fribourg, auxquels le véritable socialisme était resté étranger ; elle pouvait citer des militants comme Varlin, Pindy, Langevin, Avrial, Landrin, Theisz, Delacour, Duval et tant d'autres ; et les ouvriers de Paris allaient montrer au monde, dès l'année suivante, de quoi ils étaient capables.

Sur la proposition des délégués parisiens, — qui avaient dit : « Dans un an, l'empire aura cessé d'exister, et nous invitons dès aujourd'hui l'Internationale à tenir son prochain congrès à Paris », — le congrès, acceptant l'invitation, décida, par acclamations, et à l'unanimité, comme un défi jeté à Napoléon III, que « le prochain congrès de l'Internationale aurait lieu à Paris le premier lundi de septembre 1870 » (1).

(1) Ce premier lundi fut le 5 septembre : la République avait été proclamée la veille.

VI

La dernière année de l'Empire. — La Fédération Parisienne de l'Internationale (avril 1870). Le plébiscite ; le troisième procès de l'Internationale à Paris (mai-juillet). — Les débuts de la guerre de 1870 jusqu'au 4 septembre. — Marx et Engels. — Bakounine et Varlin.

Au Congrès de Bâle, Varlin était entré dans l'organisation secrète internationale qui préparait une révolution sociale, dont le point de départ devait être le renversement de l'Empire français. Et les événements vont prendre, dans cette dernière année de l'empire qui va jusqu'au 4 septembre 1870, une allure nouvelle : la Commune n'est pas loin !

De nouveaux mouvements grévistes eurent lieu fin septembre 1869 à Rive-de-Gier, et quelques jours après à Aubin (Aveyron), où le 8 octobre la troupe massacra des ouvriers mineurs. Le 10 octobre, les délégués de vingt-sept sociétés ouvrières de Paris étaient justement réunis pour conclure leur pacte fédératif, en passant outre à l'opposition policière, ainsi que l'avait annoncé leur manifeste d'août ; ils profitèrent de la circonstance pour signer la protestation suivante :

Nous protestons de toute notre énergie contre les actes sanglants commis sur les travailleurs des mines d'Aubin ; nous déclarons qu'il nous est impossible de vivre sous un régime social où le capital répond à des manifestations quelquefois turbulentes, mais toujours justes, par la fusillade.

En même temps, la grève des fileurs d'Elbeuf, et diverses grèves à Paris, entre autres celle des employés de commerce (1), furent l'occasion de témoignages éclatants de solidarité de la part des travailleurs de différentes industries. La Chambre fédérale des sociétés ouvrières de Paris, qui venait de se constituer définitivement et qui s'était installée place de la Corderie du Temple, donna son concours le plus énergique à toutes les grèves. Une autre organisation, fondée spécialement, deux ou trois ans auparavant, pour venir en aide aux grévistes par des prêts, la Caisse des cinq centimes ou Caisse du sou, qui groupait un certain nombre de sociétés ouvrières parisiennes, joignait ses efforts à ceux de la Chambre fédérale. On trouve dans les lettres de Varlin, lues au troisième procès (juin 1870), tout le détail de l'action cor-

(1) La grève des employés de commerce mit en vue, pendant un moment, la personnalité de Douvet, président du syndicat des employés. Douvet avait fondé un journal hebdomadaire, qui s'appela d'abord le *Commerce*, et ensuite le *Travail*, et qui s'intitula « organe des associations ouvrières » : mais ce périodique n'eut qu'une existence éphémère.

porative des ouvriers parisiens à cette date.

Une vive agitation s'était produite dans le monde politique à la suite du retard apporté par l'empereur à la convocation du Corps législatif élu en mai. Il avait été question, un moment, d'organiser une grande manifestation de protestation pour le 26 octobre ; puis les députés de l'opposition y renoncèrent. Des élections complémentaires eurent lieu le 21 novembre : Rochefort fut nommé à Belleville. Cette élection allait avoir une certaine influence sur le mouvement, en particulier parce qu'elle eut pour conséquence la création du journal la *Marseillaise*, dont le premier numéro parut le 9 décembre, et qui devint aussitôt l'organe des militants ouvriers révolutionnaires.

Il ne saurait être question de relater ici les événements qui remplirent les mois si agités de cette dernière année de l'empire. Nous ne ferons que mentionner en courant les principaux, sans les raconter ; on trouve d'abondants détails, dans les audiences du troisième procès, sur tout ce qui concerne plus particulièrement la réorganisation de l'Internationale à Paris et en France, ses moyens d'action, et sa participation à la lutte contre le régime impérial.

Il est indispensable de noter qu'à cette heure même commençait, de la part de certains hommes, — Marx, Engels, et leurs instruments ou leurs complices, — une campagne souterraine de calomnies et d'intrigues ayant pour but d'établir leur domination dans l'Internationale, en se débarrassant, par les plus odieuses manœuvres, de ceux qu'ils regardaient comme des adversaires ou des rivaux, et dont ils redoutaient à la fois l'esprit d'indépendance et l'audace révolutionnaire. Ceux qui étaient en butte à ces calomnies, c'étaient — chose invraisemblable et pourtant vraie ! — ceux-là mêmes qui participaient activement en divers pays, Espagne, Italie, Suisse, France, etc., à la grande conspiration internationale contre l'empire. Par une circulaire secrète, la *Communication privée* du 1er janvier 1870, Marx et ses complices dénoncèrent aux comités de l'Internationale en divers pays, comme des ennemis, les rédacteurs de l'*Egalité* de Genève, du *Travail* de Paris, du *Progrès* du Locle ; dans une lettre envoyée à Bruxelles, Marx attaqua spécialement Bakounine, l'accusant de désorganiser l'Internationale (1) : or Bakounine, qui avait quitté Genève dès le mois d'octobre 1869, vivait depuis ce moment dans la retraite à Locarno (Tessin), où il s'occupait — singulière coïncidence ! — à traduire en

(1) « Karl Marx nous ayant écrit [en janvier 1870] une lettre de basses calomnies contre Bakounine, je pensai que, si on ne pouvait pas officiellement lui faire la leçon à ce sujet, il convenait toutefois de ne pas laisser passer la chose ainsi. Je lui écrivis donc en mon nom personnel une lettre où je lui disais que ces calomnies étaient indignes de lui. Il me répondit par une lettre de grossières injures. » (Lettre d'Eugène Hins à James Guillaume, 12 juin 1914.) — Dans une lettre à Engels, du 12 février 1870, Marx dit à celui-ci, à propos de Hins : « Je viens de laver la tête à ce gaillard comme il convenait ».

russe, pour un éditeur de Pétersbourg, le grand ouvrage de son calomniateur, le *Kapital*. En janvier 1870, à la suite d'intrigues locales, l'*Egalité*, de Genève, qu'avait rédigée Paul Robin d'octobre à décembre 1869, tomba entre les mains du Juif russe Nicolas Outine, qui en fit son organe personnel; il la mit aussitôt au service de Marx, dont il devint l'agent ; Robin, ayant dû quitter Genève, s'établit à Paris en février. Bakounine, en ce même mois de février, à la demande du jeune révolutionnaire russe Netchaïef, interrompit sa traduction du *Kapital* pour se consacrer tout entier aux affaires de Russie (1), dont il s'occupa exclusivement jusqu'en juillet. Marx, poursuivant son œuvre de haine, envoya en Allemagne une nouvelle « Communication privée », la *Confidentielle Mittheilung* (28 mars), dirigée contre Bakounine. En même temps, au congrès de la Fédération de la Suisse romande à la Chaux-de-Fonds, le 4 avril, l'agent Outine provoquait la scission locale qui devait avoir plus tard des conséquences si graves pour l'Internationale tout entière. A l'*Egalité* d'Outine, les sections jurassiennes opposèrent la *Solidarité* (à Neuchâtel).

Il a fallu mentionner ces choses à cette place ; mais on doit ajouter qu'à ce moment les

(1) Avec Ogaref et Alexandre Herzen fils (Herzen père venait de mourir en janvier), il publia quelques numéros d'une nouvelle série du *Kolokol* (la *Cloche*) ; c'est alors aussi qu'il écrivit et fit paraître sa célèbre brochure *Les Ours de Berne et l'Ours de Saint-Pétersbourg*.

manœuvres marxistes, enveloppées d'un profond mystère, restèrent ignorées du grand nombre, et furent connues seulement de quelques initiés de l'un et de l'autre parti : elles n'exercèrent par conséquent aucune influence — heureusement ! — sur l'action de l'Internationale en France cette année-là. Il n'en était pas moins indispensable de les rappeler, car leur connaissance est nécessaire pour l'intelligence de divers incidents dont il est parlé au troisième procès, et fait mieux saisir la portée de plusieurs faits, comme la revision de la version française du troisième considérant des statuts généraux de l'Internationale, dans la nouvelle édition faite à Paris en mars 1870 (1); l'assemblée de Lyon du 13 mars, présidée par Varlin, et les choses qui y furent dites, en public et en particulier ; la lettre de Sentiñon à Varlin du 10 avril ; la publication à

(1) Ce fut Robin, nouvellement arrivé à Paris, qui fut chargé de surveiller l'impression de cette édition. Sur l'observation de Lafargue (qui, marié à Laura Marx en avril 1868, s'était fixé à Paris), Robin modifia les derniers mots du troisième considérant ; la version française de 1865, lue et adoptée en 1866 au Congrès de Genève, portait : « L'émancipation économique des travailleurs est le grand but auquel doit être subordonné tout mouvement politique » ; le texte anglais était un peu différent *(the great end to which every political movement ought to be subordinate as a means)*, et, pour le traduire littéralement, Robin mit : « L'émancipation économique des classes ouvrières est le grand but auquel tout mouvement politique doit être subordonné comme un simple moyen ». Nous n'attachâmes aucune importance à cette modification, qui fut aussitôt adoptée dans tous les pays de langue française. Mais Marx, comme on le vit plus tard, entendait tirer de là cette conséquence alors insoupçonnée de nous, que l'action électorale et parlementaire était *obligatoire* pour les membres de l'Internationale.

Neuchâtel (Suisse), en juin, de l'organe de l'Internationale parisienne, le *Socialiste*, etc.

Le 27 décembre 1869, Napoléon III avait chargé Emile Ollivier de former un cabinet : le 2 janvier 1870 le ministère Ollivier était constitué ; ce fut l'Empire « libéral ». Mais le 10 janvier Pierre Bonaparte, cousin de l'empereur, tue le journaliste Victor Noir (de la *Marseillaise*), dont les obsèques (12 janvier) faillirent être une journée révolutionnaire. Le 19 éclate la première grève du Creusot, motivée par le renvoi de l'ouvrier Assi. Le 7 février, Rochefort est arrêté ; des mouvements insurrectionnels ont lieu dans Paris (Flourens à Belleville, 7-8 février ; Mégy tue un inspecteur de police, 11 février) ; un manifeste, daté du 11 février, signé entre autres par Combault, Johannard, Landrin, Malon, Pindy, invite les socialistes « à ne pas compromettre le triomphe définitif par une action trop précipitée » (1) ; de nombreuses arrestations sont faites. Varlin, emprisonné, est relâché au bout de quatorze jours ; sitôt remis en liberté, il s'occupe de grouper en une fédération les sections parisiennes de l'Internationale, déjà au nombre de treize : une réunion de délégués, le

(1) On y lit : « Le moment ne nous semble pas encore venu pour une action décisive et immédiate. La Révolution marche à grands pas ; n'obstruons pas sa route par une impatience bien légitime, mais qui pourrait devenir désastreuse... Chaque heure nous donne des chances nouvelles. Chaque heure diminue les forces du despotisme et augmente les nôtres... Agissons par la propagande, et surtout par l'organisation. »

7 mars, charge une commission d'élaborer des statuts pour cette fédération. Le 13 mars, Varlin préside à Lyon une grande assemblée ouvrière, à laquelle assistent des délégués de Marseille, Vienne (Isère), Aix, la Ciotat, Dijon, Rouen, et de la Suisse jurassienne (Schwitzguébel) ; une adresse des travailleurs belges aux travailleurs français, rédigée par De Paepe, y est lue ; elle dit nettement : « L'Etat politique n'a plus de raison d'être ; le mécanisme artificiel appelé gouvernement disparaît dans l'organisme économique, la politique se perd dans le socialisme » ; on lit aussi, entre camarades sûrs, une lettre de Bakounine apportée par Schwizguébel, où il est écrit :

La base de l'organisation des forces du prolétariat est toute donnée : ce sont les ateliers et la fédération des ateliers, la création des caisses de résistance, instruments de lutte contre la bourgeoisie, et leur fédération, non seulement nationale, mais internationale. Et quand l'heure de la révolution aura sonné, vous proclamerez la liquidation de l'Etat et de la société bourgeoise,... la vraie et franche révolution populaire, l'anarchie juridique et politique et la nouvelle organisation économique de bas en haut et de la circonférence aux centres (1).

Le 21 mars, une lettre de l'empereur à Emile Ollivier annonce que la France sera prochainement appelée à sanctionner par un plébiscite la nouvelle orientation de la politique bonapartiste. Le 23 mars éclate la seconde grève du

____

(1) L'*Internationale*, par James GUILLAUME, t. Ier, pages 284-285.

Creusot. Le 27 mars, Pierre Bonaparte est acquitté par la Haute-Cour de Tours. Le 10 avril, Sentiñon, écrivant de Barcelone à Varlin, lui dit : « C'est avec le plus grand plaisir que j'observe quelle part active vous prenez dans l'organisation des sociétés ouvrières sur toute la France. Vous voilà dans le beau chemin, le seul qui conduit droit au but. Tout le temps et tous les efforts voués à d'autres choses sont non seulement perdus, mais directement nuisibles. » Le lundi 18 avril, la Fédération parisienne de l'Internationale se constitue définitivement dans une grande réunion, sous la présidence de Varlin, assisté de Robin et d'Avrial ; dans son discours d'ouverture Varlin dit : « Nous devons nous suffire à nous-mêmes. C'est contre l'ordre juridique, économique, politique et religieux que nous devons tendre nos efforts. » La Fédération parisienne fixe son siège à la Corderie du Temple, où la Chambre fédérale des sociétés ouvrières avait déjà le sien. Dans cette même réunion du 18 avril, une commission de douze membres (dont Avrial, Combault, Lafargue, Robin font partie) est nommée pour rédiger un manifeste anti-plébiscitaire. Ce manifeste dit : « Travailleurs, si vous voulez affirmer la République démocratique et sociale, le meilleur moyen c'est de vous abstenir ;... l'abstention est la protestation que l'auteur du coup d'Etat redoute le plus. » Un sénatus-consulte du 20 avril fixe au 8 mai la date du plébiscite.

La propagande du socialisme se poursuit avec une ardeur croissante. La *Solidarité*, de Neuchâtel, organe de la majorité « collectiviste » (c'est-à-dire communiste fédéraliste) du congrès de la Chaux-de-Fonds, dit le 30 avril : « La France sera bientôt couverte de sections internationales. Les grèves du Creusot et de Fourchambault ont rendu les doctrines socialistes populaires dans les départements du Centre : Nevers et Limoges promettent de donner prochainement la main à Saint-Etienne et à Lyon. Besançon compte plusieurs sociétés ouvrières qui sont en relations avec la Chaux-de-Fonds. Lille s'organise, par les soins de notre infatigable Varlin. Une section vient de se fonder à Brest. Notre ami Malon remplit dignement la mission dont l'avait chargé la *Marseillaise* : il a fait successivement au Creusot et à Fourchambault une enquête complète sur la situation des ouvriers. »

Mais le gouvernement allait frapper un grand coup. Le 30 avril, Emile Ollivier ordonne l'arrestation, sous la double inculpation de complot et de société secrète, de « tous les individus qui dirigent l'Internationale ». Le même jour, la police arrête pêle-mêle, à Paris, des militants connus et des hommes insignifiants, Avrial, G. Casse, Collot, Franquin, Dugauquie, Flahaut, Héligon, Johannard, Landeck, Malon, Murat, Pindy, Theisz, Rocher (Varlin, qui était à Chalon, réussit à s'échapper et à passer en Belgique); à Lyon, Albert Richard, G. Blanc, Chol, Doublet, Palix, et d'autres. A Marseille, Bastelica peut se soustraire aux recherches. Les arrestations continuent les jours suivants : on emprisonne Assi au Creusot, Aubry à Rouen, Combe à Marseille, Dupin et d'autres à Saint-Etienne ; Beauvoir, Dumartheray et d'autres à Lyon, Ledoré et d'autres à Brest, Alerini à Cannes, etc.

En même temps, la police inventait le fameux complot Beaury-Roussel, dans lequel elle enveloppa Mégy, Dereure, Cournet, Ferré, Razoua, Tony Moilin, etc. ; une protestation du Conseil fédéral parisien de l'Internationale fut aussitôt rédigée par Robin (2 mai), signée de trente et un noms, et publiée dans la *Marseillaise* (5 mai) : elle déclarait que l'Internationale n'était pour rien dans le complot, et ajoutait :

L'Association Internationale des Travailleurs, conspiration permanente de tous les opprimés et de tous les exploités, existera malgré d'impuissantes persécutions contre les soi-disant chefs, tant que n'auront pas disparu tous les exploiteurs, capitalistes, prêtres et aventuriers politiques.

Le plébiscite (dimanche 8 mai) donna à l'empire un peu plus de sept millions de *oui* contre un million et demi de *non* ; il y eut plus d'un demi-million d'abstentions.

Dès le 4 mai, un décret impérial avait renvoyé les prétendus auteurs et complices du complot Beaury-Roussel devant la Haute-Cour (qui ne se réunit à Blois que le 18 juillet) ; et dans le courant de mai, une instruction était commencée et poursuivie contre un certain nombre de membres de l'Internationale, à Paris et ailleurs, sous l'inculpation de société secrète.

Vers la fin de mai, un jugement de la 6ᵉ Chambre suspendit la *Marseillaise* pour deux mois. Les membres de la Fédération parisienne, privés de la publicité de ce journal, résolurent immédiatement de se créer un organe à eux ; mais comme on ne pouvait songer à trouver un imprimeur à Paris, il fallut en chercher un à l'étranger. Robin, nommé rédacteur, écrivit à James Guillaume, à Neuchâtel, qui se chargea de faire composer et tirer le nouveau journal — le *Socialiste*, « organe de la Fédération parisienne de l'Association Internationale des Travailleurs, paraissant le samedi » — à l'imprimerie de la *Solidarité*. Robin envoya la copie nécessaire pour le premier numéro, qui parut le 11 juin : il donnait les noms des socialistes détenus, et annonçait en outre que « plusieurs internationaux parisiens avaient été mandés à comparaître devant le juge d'instruction de Lurcy », en ajoutant : « Nous ne pensons pas qu'un seul d'entre eux se rende à cette invitation ». Sur les douze inculpés cités ainsi, neuf (Delacour, Durand, Bertin, Frankel, Fournaise, Malzieux, Leblanc, Pagnerre, Duval) se présentèrent devant le juge, contrairement à ce qu'avait cru Robin ; un dixième, Giot, partit pour Bruxelles ; quant à Langevin et à Robin, qui n'avaient pas obéi, ils furent arrêtés le 12. Langevin fut envoyé à Mazas, Robin fut relâché au bout de trente-six heures, après un interrogatoire.

Le *Socialiste* avait été tiré à cinq ou six mille exemplaires ; il fut expédié sous bande à un certain nombre d'adresses d'abonnés ; le reste des exemplaires fut envoyé en un ballot à Mangold (6, rue du Petit-Parc, Grand-Montrouge), qui avait été nommé administrateur. Le ballot fut saisi à l'arrivée à Paris ; seuls les numéros envoyés sous bande parvinrent à destination.

Robin et Mangold envoyèrent encore à Neuchâtel la copie du second numéro, qui parut le 18 juin. Il annonçait que les socialistes parisiens détenus avaient été relâchés, sauf Malon, Pindy, Murat et Johannard, et qu'un procès pour société secrète, intenté à trente-huit accusés, commencerait le 22 juin, à la 6e Chambre correctionnelle. Il annonçait également la prochaine réimpression des comptes rendus des deux premiers procès de l'Internationale à Paris (un volume de 216 pages, Paris, dans les locaux de l'Association ; le volume parut au commencement de juillet; la *Solidarité* du 9 juillet en donne un extrait). Ce second numéro ne parvint que par exception à quelques abonnés : il fallut reconnaître qu'il n'était pas possible de faire entrer le *Socialiste* en France, et le journal suspendit sa publication. La Commission du journal fit insérer dans la *Solidarité* du 25 juin une annonce disant : « La Commission chargée de faire marcher le *Socialiste* va prendre d'autres dispositions pour continuer son œuvre ; les abonnés ne seront pas frustrés. En attendant, elle leur fait envoyer un journal ami, la *Solidarité*, qui les entretiendra de ce qui les intéresse. » (Le *Socialiste* ne devait pas reparaître.)

A l'audience du 22 juin, sur les trente-huit prévenus, trente et un comparurent (quatre d'entre eux, Malon, Pindy, Murat et Johannard, encore en état de détention, furent mis en liberté sous caution dès cette première audience) ; les sept qui ne répondirent pas à l'appel de leur nom étaient Varlin (réfugié à Anvers), Giot, Rocher, Sabourdy, Carle, Dugauquie et Passedouet. L'avocat impérial Aulois donna lecture d'un long factum, qui prétendait être l'histoire de l'Internationale ; puis l'affaire fut remise à huitaine. L'audience du 29 juin fut remplie par le réquisitoire ; les débats occupèrent ensuite les audiences des 30 juin, 1er, 2 et 5 juillet ; le jugement fut rendu le 8 : sept prévenus, Varlin (absent), Malon, Murat, Johannard, Pindy, Combault et Héligon, déclarés coupables d'avoir fait partie d'une société secrète, furent condamnés à un an de prison ; vingt-sept prévenus, déclarés coupables seulement d'avoir fait partie d'une société non autorisée, furent condamnés à deux mois de prison ; c'étaient Avrial, Sabourdy (absent), Franquin, Passedouet (absent), Langevin, Pagnerre, Robin, Leblanc, Carle (absent), Allard, Theisz, Collot, Germain Casse, Chalain, Mangold, Ansel, Bertin, Boyer, Cirode, Delacour, Durand, Duval, Fournaise, Frankel, Giot (absent) et Malzieux ; les quatre autres, Assi, Dugauquie (absent), Flahaut et Landrin, furent renvoyés des fins de la plainte. L'Association « générale » (*sic*) des travailleurs fut déclarée dissoute à Paris et dans le département de la Seine.

Au lendemain de la condamnation, les membres de la Commission de statistique nommée par le Conseil fédéral parisien, Paul Robin, Henri Bachruch, Mangold, E. Langevin et Ch. Keller, adressaient aux sections de Paris un questionnaire accompagné d'une circulaire où ils disaient : « Aujourd'hui, après la *dissolution légale* de l'Internationale, nous continuerons cette œuvre en notre nom personnel jusqu'au moment où il redeviendra possible de rendre compte à ceux qui nous avaient nommés. »

Ce fut vers le milieu d'août seulement (à cause de la perturbation que la guerre apporta dans tous les travaux) que, par les soins de quelques hommes dévoués et actifs, put paraître le compte rendu sténographique du troisième procès de l'Internationale parisienne (un volume de 250 pages, chez Armand Le Chevalier, annoncé dès le 16 juillet par la *Solidarité*).

Sur ce procès, Marx ne trouva à dire que ce qui suit, dans une lettre à Engels du 8 juillet :

Je t'enverrai demain les journaux français et les débats du procès. Frankel (1) a conquis des lauriers. Tu verras,

(1) Frankel était un Juif allemand-hongrois, affilié à la secte marxiste.

tant chez les accusés que dans les journaux, la tendance à s'attribuer l'invention de l'Internationale (1).

Nous ne nous occuperons pas ici des poursuites dirigées contre des membres de l'Internationale dans d'autres villes de France.

La candidature de Léopold de Hohenzollern au trône d'Espagne allait brusquement déchaîner la guerre entre l'Allemagne et la France. Il en fut parlé au Corps législatif le 5 juillet. Devant la menace d'un conflit sanglant, l'Internationale parisienne s'émut ; une Adresse au peuple allemand, revêtue de nombreuses signatures (2), fut publiée dans le *Réveil* du 12 juillet ; elle disait :

Frères d'Allemagne, au nom de la paix, n'écoutez pas les voix stipendiées ou serviles qui cherchent à vous tromper sur le véritable esprit de la France. Restez sourds à des provocations insensées, car la guerre entre nous serait une guerre fratricide. Restez calmes, comme peut le faire, sans compromettre sa dignité, un grand peuple fort et courageux. Nos divisions n'amèneraient,

(1) On a pu voir, pages 1 et suiv. de ce volume, qu'il n'y avait aucune exagération, de la part des ouvriers parisiens, à s'attribuer une action prépondérante dans la fondation de l'Internationale : l'Anglais Wheeler avait dit expressément, au meeting du 28 septembre 1864, avec une cordialité qui fit toujours défaut aux Allemands, que « les Français apportaient un plan d'organisation prouvant une fois de plus que le progrès vient toujours de France, *même quand les Français sont le plus opprimés* ».

(2) Parmi les noms des signataires, on relève ceux de Tolain, Murat, Avrial, Pindy, Theisz, Camélinat, Chauvière, Langevin, Eugène Pottier, Landrin, Ch. Keller, Malon, Combault, Lucipia, Jules Joffrin, Chausse.

des deux côtés du Rhin, que le triomphe complet du despotisme.

La guerre fut votée au Corps législatif le 15 juillet ; mais les hostilités ne commencèrent que le 26.

Au moment où allait s'engager le duel formidable qui aboutit à l'invasion de la France, au siège et à la capitulation de Paris, et à l'annexion de l'Alsace et de la Lorraine, il est nécessaire de savoir ce que pensait Karl Marx et quels étaient les vœux qu'il formait. Voici ce qu'il écrivait à Engels le 20 juillet :

Je t'envoie le *Réveil;* tu y verras l'article du vieux Delescluze ; c'est du plus pur chauvinisme. *La France est le seul pays de l'Idée,* écrit ce chauvin républicain, — c'est-à-dire de l'idée qu'elle se fait d'elle-même... Les Français ont besoin d'être rossés (*Die Franzosen brauchen Prügel*). Si les Prussiens sont victorieux, la centralisation du pouvoir de l'Etat sera utile à la centralisation de la classe ouvrière allemande. La prépondérance allemande, en outre, transportera le centre de gravité du mouvement ouvrier européen de France en Allemagne ; et il suffit de comparer le mouvement dans les deux pays, depuis 1866 jusqu'à présent, pour voir que la classe ouvrière allemande est supérieure à la française tant au point de vue de la théorie qu'à celui de l'organisation. La prépondérance, sur le théâtre du monde, du prolétariat allemand sur le prolétariat français serait en même temps la prépondérance de notre théorie sur celle de Proudhon.

Le triomphe de sa doctrine personnelle (1) et la défaite de celle de Proudhon, tel était donc

(1) Voir pages 33-34 la lettre de Marx du 11 septembre 1867.

l'enjeu de la guerre, aux yeux de l'homme que des aveugles prennent encore pour le créateur de l'Internationale.

Marx ajoutait, n'oubliant pas la question d'argent, qui ne lui était pas indifférente :

Je suis maintenant en si bons termes avec la *Pall Mall Gazette*, que si nous voulons, pendant la *farce* (1), écrire, moi quelque chose de politique et toi quelque chose de militaire (2), on le prendra, et, de plus, on le paiera...

Mais c'est lui aussi qui tient la plume au nom du Conseil général de l'Internationale, et il ajoute :

Le Conseil général m'a chargé hier de la rédaction de l'adresse [sur la guerre]. Ce n'est nullement agréable dans mon présent état de douleurs au foie et de lourdeur d'esprit.

Le manifeste rédigé par Marx, et publié le 23 juillet au nom du Conseil général, contient cette phrase :

Du côté allemand, cette guerre est une guerre défensive ;... mais si la classe ouvrière allemande souffre que la guerre actuelle perde son caractère défensif et dégénère en une guerre contre le peuple français, la victoire ou la défaite seront pour elle également désastreuses.

Marx ne devait pas persister longtemps dans cette opinion ; et le 17 août (voir p. 91) il

____

(1) La guerre.
(2) Engels se prenait pour un très grand stratège, et envoyait toujours des correspondances militaires à la presse lorsqu'il y avait une guerre quelque part.

argumentera contre son ami Kugelmann qui se plaint — l'innocent ! — que les Allemands ne fassent plus une guerre défensive.

Les condamnés du 8 juillet, à Paris, s'étaient, pour la plupart, constitués prisonniers ; et de nouvelles poursuites étaient intentées à quinze autres membres de l'Internationale parisienne (parmi lesquels Landrin, Camélinat, Tolain), qui comparurent vers la fin de juillet devant un juge d'instruction. Les socialistes cherchaient l'occasion favorable pour renverser l'empire : ils voulaient proclamer la République sociale et offrir la paix à l'Allemagne ; mais si celle-ci refusait, ils feraient au gouvernement allemand — non au peuple — la guerre révolutionnaire, avec l'espoir de trouver dans les socialistes allemands un puissant appui (étrange illusion !).

La Fédération parisienne publia un *Appel aux ouvriers du monde entier*, dans lequel, à l'impression, quelques phrases avaient dû être remplacées par des points, on devine aisément pourquoi. Il disait :

En présence de la guerre fratricide qui vient d'être déclarée pour satisfaire l'ambition de notre ennemi commun, de cette guerre horrible dans laquelle sont sacrifiés des milliers de nos frères, en présence de la misère, des larmes, de la famine menaçante...

Nous protestons au nom de la fraternité des peuples contre la guerre et ses auteurs, et nous invitons tous les

amis du travail et de la paix à......., et à assurer ainsi
la liberté du monde.

Vivent les peuples ! A bas les tyrans ! (1)

Le 8 août, les internationaux de Marseille
faisaient, de concert avec quelques républicains,
une tentative insurrectionnelle et s'emparaient
de l'hôtel de ville : mais le mouvement fut
immédiatement réprimé, et ses auteurs traduits
devant un conseil de guerre. A Paris, où un
comité d'action avait été constitué, ce comité
avait résolu que le 9 août, jour de la rentrée du
Corps législatif, le Palais-Bourbon serait envahi :
l'arrestation du chef désigné du mouvement,
Pindy (2), qui eut lieu le matin même du jour
fixé pour l'insurrection, fit avorter le projet. Le
14 août, la tentative des blanquistes à la Villette
échoua sans trouver aucun écho. Varlin écrivait
d'Anvers, le 19 août :

Que devient l'Internationale au milieu de ce double
mouvement de chauvinisme qui entraîne deux grandes
nations, sur lesquelles nous croyions pouvoir compter, à
s'entre-détruire d'une façon horrible ? Je ne dois pas vous
le cacher, malgré que nos paysans aient bien mérité,
par leurs votes stupides, la terrible épreuve qu'ils su-
bissent en ce moment, je souffre de voir nos provinces
dévastées et la France s'épuisant dans un effort suprême,
car je n'espère rien de bon de la victoire du militarisme
prussien. Et cependant, tant que l'ombre du gouvernement impérial pèsera sur la France, le parti républicain
socialiste doit protester par son abstention contre la

(1) Nous prenons ce texte dans la *Solidarité* du 6 août 1870.
(2) Pindy, condamné à un an de prison, était resté en liberté
après le procès, se tenant caché.

politique désastreuse dans laquelle l'empire entraîne notre nation. — Pourquoi le peuple parisien n'a-t-il pas, aux premiers revers, brisé l'empire, et mis la France révolutionnaire en présence du roi de Prusse ? Au moins, si la guerre avait continué, on se serait battu pour quelque chose (1).

De son côté, Bakounine écrivait de Locarno, le 11 août, à son vieil ami Ogaref :

Tu n'es rien que Russe, tandis que moi je suis international ; les événements qui se passent actuellement en Europe me donnent une véritable fièvre... J'ai élaboré tout un plan ; Ozerof te le fera voir, ou, ce qui vaudra mieux, il te lira une Lettre à un Français, que je viens d'écrire (2).

Le 23 août, il écrivait aux internationaux lyonnais :

Si le peuple français ne se soulève pas tout entier, les Prussiens prendront Paris... Il faut que partout le peuple prenne les armes et s'organise *de lui-même*, pour commencer contre les envahisseurs allemands une guerre de destruction, une guerre au couteau... Le mouvement patriotique de 1792 n'est rien en comparaison de celui que vous devez faire maintenant, si vous voulez sauver la France d'un esclavage de cinquante ans, de la misère et de la ruine, de l'invasion et de l'anéantissement. Donc levez-vous, amis, au chant de la Marseillaise, qui redevient aujourd'hui le chant légitime de la France, tout palpitant d'actualité, le chant de la liberté, le chant du peuple, le chant de l'humanité, — car la cause de la France est redevenue enfin celle de l'humanité. *En faisant du patriotisme, nous sauverons la liberté universelle...*

(1) Lettre publiée par la revue la *Vie ouvrière,* numéro du 5 mai 1914.

(2) *L'Internationale, Documents et Souvenirs,* t. I⁰ʳ, p. 79.

Si dans dix jours il n'y a pas en France de soulèvement populaire, la France est perdue. Oh! si j'étais jeune, je n'écrirais pas de lettres, je serais parmi vous! (1)

Engels, lui, écrivait à Marx, le 31 juillet :

Ma confiance dans la force militaire des Allemands croît chaque jour. C'est *nous* qui avons gagné la première bataille sérieuse.

Et le 15 août :

Il serait absurde de faire de l'anti-bismarckisme notre seul principe directeur. Bismarck en ce moment, comme en 1866, travaille pour nous, à sa façon; c'est sans le vouloir qu'il le fait, mais il le fait tout de même... Prétendre, comme Liebknecht, qu'il faut revenir en arrière et supprimer tout ce qui s'est accompli depuis 1866, c'est une bêtise.

Marx lui répond, le 17 août :

Ta lettre concorde tout à fait avec le plan de réponse au Comité de Brunswick que j'ai en tête (2) ; je ne voulais pas aller de l'avant, dans une affaire de cette importance, — car il s'agit d'une *instruction sur l'attitude à observer par les ouvriers allemands*, — sans m'être concerté avec toi... La guerre est devenue nationale : ce n'est

(1) *L'Internationale, Documents et Souvenirs*, t. II, p. 81.

(2) Le Comité central du Parti de la démocratie socialiste allemande, placé à Brunswick, avait écrit à Marx pour lui demander son avis sur la situation, et des directions en vue de l'action à imprimer au parti. Marx devait, quelques jours plus tard, lui adresser une lettre où il reproduisit, dans les mêmes termes, les paroles qu'il avait déjà écrites à Engels le 20 juillet, sur le transfert du centre de gravité du mouvement ouvrier de France en Allemagne, et où il se livrait en outre à des appréciations désobligeantes (encore inédites, malheureusement ; peut-être M. Goldendach les publiera-t-il ?) sur les ouvriers français. On verra plus loin l'usage que le Comité de Brunswick fit de cette lettre, et la colère où se mit Marx.

donc plus le moment où le rappel aux principes était un acte de courage, comme au moment de la déclaration de Liebknecht et de Bebel au Reichstag... Kugelmann ne voit pas que des opérations militaires défensives doivent être regardées comme faisant partie de la guerre défensive. D'après lui, quand un individu m'assaille dans la rue, je n'aurais que le droit de parer ses coups ; lui porter à mon tour un coup qui l'étende à terre, ce serait, selon Kugelmann, me transformer en agresseur. On voit que tous ces gens n'entendent rien à la dialectique (1).

Enfin Napoléon III a rendu son épée à Sedan, et le 4 septembre l'Empire « disparaît dans un incomparable effondrement » (*Revue des Deux Mondes*), au milieu des anathèmes de tous.

Le soir même, les délégués de l'Internationale parisienne et ceux de la Chambre fédérale des sociétés ouvrières, réunis à la Corderie du Temple, rédigeaient un Appel au peuple allemand, qui fut publié le lendemain en allemand et en français. Le voici :

... L'homme qui a déchaîné cette lutte fratricide, et que tu tiens entre tes mains, n'existe pas pour nous. La France républicaine t'invite, au nom de la justice, à retirer tes armées ; sinon, il nous faudra combattre jusqu'au dernier homme et verser à flots ton sang et le nôtre.

Nous te répétons ce que nous déclarions à l'Europe coalisée en 1793 : *Le peuple français ne fait point la paix avec un ennemi qui occupe son territoire...*

(1) Marx est maintenant d'avis que la continuation de l'invasion de la France par les Allemands est une mesure purement défensive, et nullement une guerre d'agression. Kugelmann s'était risqué à dire que les Allemands se mettaient dans leur tort par leur nouvelle attitude : c'est qu'il ne comprenait pas la dialectique hegeliano-marxiste !

Repasse le Rhin.

Sur les deux rives du fleuve disputé, Allemagne et France, tendons-nous la main. Oublions les crimes militaires que les despotes nous ont fait commettre les uns contre les autres...

Par notre alliance, fondons les Etats-Unis d'Europe.

Vive la République universelle !

Au nom des sociétés ouvrières et des sections françaises de l'Association Internationale des Travailleurs :

Ch. BESLAY, BRIOSNE, BACHRUCH, CAMÉLINAT, Ch.-L. CHASSIN, CHEMALÉ, DUPAS, HERVÉ, LANDECK, LEVERDAYS, LONGUET, MARCHAND, PERRACHON, TOLAIN, VAILLANT.

· Le Comité central du Parti de la démocratie socialiste, à Brunswick, publia de son côté (5 septembre) un manifeste saluant la chute de l'Empire et réclamant la paix, en ces termes :

Après vingt ans d'existence honteuse du second empire, le peuple français s'est relevé et a repris la conduite de ses destinées. Acclamons la République française !... Il est du devoir du peuple allemand d'assurer une paix honorable avec la République française. Il appartient aux travailleurs allemands de déclarer que, dans l'intérêt de la France et de l'Allemagne, ils sont décidés à ne pas tolérer une injure faite au peuple français, après qu'il s'est débarrassé à jamais de l'infâme qui avait troublé la paix... Jurons de combattre loyalement et de travailler avec nos frères ouvriers de tous les pays civilisés pour la cause commune du prolétariat... Elevons le cri qui annoncera, sinon pour aujourd'hui, du moins pour un avenir prochain, l'aurore de la liberté en Allemagne (1).

(1) Le 5 septembre aussi, dans un supplément spécial de la *Solidarité*, de Neuchâtel, paraissait un manifeste disant à peu près les mêmes choses. On y lisait : « La République est

Le Comité de Brunswick avait cru devoir reproduire textuellement la plus grande partie de la lettre que lui avait envoyée Marx ; à la seconde page de son manifeste on lisait :

Un de nos plus distingués et plus anciens amis et collaborateurs de Londres nous écrit : « L'annexion de l'Alsace et de la Lorraine serait pour l'Allemagne une cause de ruine, un moyen d'éterniser la guerre... car la France s'allierait à la Russie pour faire la guerre à l'Allemagne ». Aussi protestons-nous contre l'annexion au nom du Parti de la démocratie socialiste... « La guerre actuelle — continue notre ami et collaborateur — ouvre une nouvelle époque de l'histoire : elle a prouvé que, même avec l'exclusion de l'Autriche, l'Allemagne est capable de poursuivre son développement... Un but sérieux est atteint, et si la classe ouvrière allemande ne réussit pas à jouer le rôle historique qui lui est assigné, ce sera de sa faute. *Cette guerre a transféré de France en Allemagne le centre de gravité du mouvement ouvrier continental.*

Le général Vogel von Falkenstein, gouverneur de la région, fit aussitôt arrêter les courageux signataires du manifeste, Bracke, Bonhorst, Spier, Kühn, Gralle, etc., et les fit conduire enchaînés à la forteresse de Boyen.

proclamée, le peuple français est redevenu maître de ses destinées... Dans tous les pays, groupons-nous, armons-nous, et marchons, volontaires de la liberté et de l'égalité, pour combattre à côté de nos frères de France... Internationaux de l'Allemagne, votre devoir impérieux est de tendre la main à vos frères français, et de les aider à écraser l'ennemi commun... Ceci est l'aurore du jour nouveau, du jour de la justice qui se lève sur l'humanité. Vive la République sociale universelle ! » — Le gouvernement suisse fit saisir ce manifeste — qui fut reproduit par les journaux français et affiché dans plusieurs villes de France — et la *Solidarité* fut supprimée.

Quelle fut l'attitude de Marx et d'Engels en présence de ces deux actes révolutionnaires, le manifeste de l'Internationale parisienne et celui du Comité de Brunswick ?

Le 6 septembre, Marx écrit à Engels :

J'allais justement t'écrire, lorsque Serraillier (1) est entré et m'a annoncé qu'il part demain pour Paris, où il ne restera que quelques jours. Le but de son voyage est de se concerter avec le Conseil fédéral de Paris... J'ai reçu aujourd'hui de ce Conseil fédéral une proclamation au peuple allemand (que je t'enverrai demain), avec l'instante prière que le Conseil général adresse aux Allemands un manifeste spécial. J'avais déjà l'idée d'en faire ce soir la proposition... Dimanche, Longuet m'a télégraphié la proclamation de la République. J'ai reçu le télégramme à quatre heures du matin [le lundi]. De Brunswick, on m'a répondu qu'on se conformera strictement à mes instructions.

Engels répond à Marx, le lendemain 7 :

La proclamation de l'Internationale parisienne, si le télégraphe l'a résumée exactement, prouve que ces gens sont entièrement dominés par la phrase. Ces individus qui ont supporté Badinguet pendant vingt ans; qui, il y a six mois, n'ont pas pu empêcher qu'il reçût six millions (2) de voix contre un million et demi, et qu'il les excitât sans raison ni prétexte contre l'Allemagne, — ces gens prétendent à présent, parce que les victoires allemandes leur ont *fait cadeau* d'une République (et laquelle !), que les Allemands doivent quitter immédiatement le sol sacré de la France, sans quoi *Guerre à*

(1) Ouvrier bottier, de Marseille, affidé de Marx et membre du Conseil général.
(2) Lire : « sept millions ».

outrance ! C'est tout à fait la vieille infatuation : la supériorité de la France, l'inviolabilité du sol sanctifié par 1793 et auquel toutes les cochonneries françaises commises depuis n'ont pu enlever son caractère, la sainteté du mot République... J'espère que ces gens reviendront au bon sens une fois la première griserie passée, sans quoi il deviendrait diablement difficile de continuer avec eux des relations internationales...

Dupont sort d'ici (1). Il est venu me voir ce soir, furieux contre la belle proclamation parisienne. Mais cela le rassure de penser que Serraillier se rend à Paris et a causé avec toi au préalable. Ses opinions sur la situation sont tout à fait claires et correctes : utilisation de la liberté que la République devra inévitablement donner, pour l'organisation du parti en France ; action, lorsque les circonstances le permettront, une fois l'organisation faite ; abstention de l'Internationale en France, jusqu'à ce que la paix soit faite... Sacrifier en ce moment les ouvriers serait de la stratégie à la Bonaparte et à la Mac-Mahon. Avant la paix ils ne peuvent rien faire, quelles que soient les circonstances ; et ensuite, il leur faudra, tout d'abord, quelque temps pour s'organiser.

Engels et Marx ne se contentèrent pas de la simple expression, dans leurs lettres privées, du désir que le prolétariat de France « s'abstînt d'agir jusqu'à ce que la paix fût faite » : ils abusèrent de leur autorité pour faire envoyer aux ouvriers français, au nom du Conseil général, des instructions officielles à ce sujet. Voici ce que Dupont écrivit, le 6 septembre, au correspondant du Conseil général à Lyon, Albert Richard :

Mon cher Richard, la piteuse fin du Soulouque impé-

(1) L'ouvrier Dupont habitait Manchester.

rial nous amène au pouvoir les Favre et les Gambetta. Rien n'est changé. La puissance est toujours à la bourgeoisie. Dans ces circonstances, le rôle des ouvriers ou plutôt leur devoir est de *laisser cette vermine bourgeoise faire la paix avec les Prussiens* (car la honte de cet acte ne se détachera jamais d'eux), ne pas les affermir par des émeutes, mais profiter des libertés que les circonstances vont apporter, pour organiser toutes les forces de la classe ouvrière. La bourgeoisie, qui est en ce moment affolée de son triomphe, ne s'apercevra pas tout d'abord des progrès de l'organisation, et pour le jour de la véritable guerre les travailleurs seront prêts... Sers-toi des pouvoirs que t'a donnés le Conseil général pour arriver à ce but.

Dans un second manifeste publié au nom du Conseil général, le 9 septembre, Marx avait écrit :

Il ne faut pas que les ouvriers français se laissent entraîner par les souvenirs de 1792, comme les paysans français se sont laissé précédemment duper par les souvenirs du premier empire. Ils n'ont pas à recommencer le passé, mais à édifier l'avenir.

Ainsi, ces Messieurs, qui recommandaient habituellement aux ouvriers la participation aux mouvements politiques, trouvaient à propos en cette circonstance, quand les armées allemandes envahissaient la France, d'ordonner aux ouvriers français, *au nom du Conseil général de l'Internationale,* de se désintéresser de la guerre, d'écarter de leur mémoire « les souvenirs de 1792 » (comment Marx a-t-il osé assimiler les souvenirs du grand soulèvement révolutionnaire contre les armées de la coalition monarchique, aux souvenirs du premier empire ? Inconscience ou perfidie ?) ; et de laisser, sans intervenir, conclure une paix honteuse avec le roi de Prusse, sous le prétexte qu'il fallait que cette « honte » s'attachât à la « vermine bourgeoise » ; ils leur ordonnaient surtout de ne pas faire des « émeutes », attendu que les mouvements insurrectionnels, selon eux, « affermiraient » les gouvernants bourgeois ! N'est-il pas visible que Marx et Engels, en conseillant aux ouvriers français ce qu'ils appellent le « calme » et la « sagesse » (expressions du manifeste du 9 septembre), en les dissuadant de « recommencer le passé » et de faire ce qu'avaient fait leurs pères de 1792 (c'est-à-dire de battre les Prussiens), souhaitent simplement que Bismarck puisse achever son œuvre d'invasion par la prise de Paris (Engels le dira le 12 septembre), sans rencontrer de résistance de la part du prolétariat de France (1) ?

Marx récrit, le 10 :

Je t'envoie ci-inclus deux balourdises (*Tölpeleien*) venues de deux points opposés, Brunswick et Paris.

Tu sais que j'avais envoyé à Brunswick des conseils. On sous-entend, quand on écrit, qu'on n'a pas affaire à des enfants, mais à des gens cultivés, qui doivent savoir que la langue brutale des lettres n'est pas destinée à la publicité, et qu'en outre, dans une instruction, on est

(1) *L'Internationale. Documents et Souvenirs*, t. II, pages 99-102.

obligé de donner des avis discrets qu'il ne faut pas aller crier à son de trompe.

Eh bien, voilà mes gens qui non seulement impriment *textuellement* des extraits de ma lettre, mais encore me désignent, si clairement qu'on ne peut s'y tromper, comme l'écrivain (*sie zeigen auf mich mit der Heugabel als den Briefschreiber*). Ils impriment des phrases, comme celle sur le transfert du centre de gravité du mouvement ouvrier continental de France en Allemagne, etc., qui devaient servir à les stimuler, mais qui sous aucun prétexte ne devaient être publiées. Je dois encore m'estimer heureux qu'ils n'aient au moins pas imprimé ma critique des ouvriers français. Et là-dessus mes gaillards d'envoyer, tout chaud, leur compromettant factum *à Paris !* (sans compter Bruxelles et Genève).

Je leur laverai la tête, mais la sottise est faite !

Et, d'autre part, les imbéciles de Paris ! (*die dummen Kerle in Paris !*) Ils m'ont envoyé des masses de leur ridicule manifeste, qui a provoqué ici, parmi les ouvriers anglais, la risée et la colère : et c'est *moi* qui ai dû empêcher les Anglais, à grand'peine, d'exprimer publiquement leur sentiment à ce sujet... Et ces gaillards se permettent encore de m'envoyer des instructions télégraphiques pour me prescrire la manière dont je dois faire la propagande chez les Allemands !

Engels fait écho, le 12, tout en cherchant à rassurer Marx :

De nos amis en Allemagne et en France, c'est vraiment à qui l'emportera en maladresse politique. En voilà des gaillards, ces gens de Brunswick ! Ils ont craint que tu ne leur en voulusses, s'ils se permettaient de changer quoi que ce fût à tes opinions ; et alors ils les ont données littéralement. Au fond, la seule chose vraiment embêtante, c'est le passage sur le transfert du centre de gravité. Imprimer ça, voilà qui dépasse tout, comme manque de tact ! Espérons que les Parisiens auront en ce moment autre chose à faire que se livrer à l'étude de ce manifeste, surtout puisqu'ils ne savent pas l'allemand, — comme le prouve la version allemande de leur proclamation, qui est vraiment quelque chose de réussi ! Et Liebknecht, dans son journal, qui fait l'éloge de ce factum ! — Et Longuet, il est bien amusant, lui aussi ! Parce que Guillaume Ier les a gratifiés d'une République, il faudrait maintenant faire la révolution en Allemagne !... Si on pouvait avoir quelque influence à Paris, il faudrait empêcher les ouvriers de bouger, jusqu'à la paix. Bismarck sera prochainement en situation de la faire, soit par la prise de Paris, soit que la situation européenne l'oblige de mettre fin à la guerre. De quelque façon que la paix se fasse, il faut, avant que les ouvriers puissent faire quelque chose, que la paix soit conclue... Malheureusement il n'y a personne à Paris qui ose seulement *penser* que toute résistance active de la France est devenue impossible, et que par conséquent toute perspective de repousser l'invasion par une révolution est exclue d'avance.

Le lendemain 13, Engels ajoute encore :

La guerre, en se prolongeant, commence à prendre une tournure désagréable. Les Français n'ont pas encore été suffisamment rossés (*die Franzosen haben noch nicht Prügel genug*), et pourtant, d'autre part, les Allemands ont déjà beaucoup trop triomphé.

Le 14, Marx écrit :

Bismarck est, malgré tout, un âne. Parce que tout lui a réussi, aussi longtemps qu'il a été l'instrument de l'unité allemande, il a maintenant si bien perdu la tête qu'il croit pouvoir, sans honte et sans dommage, faire de la politique spécialement prussienne, non seulement à l'extérieur, mais aussi à l'intérieur... J'ai écrit aujourd'hui en Belgique, en Suisse et aux Etats-Unis, pour donner des instructions détaillées.

Et enfin, le 16 (dernière lettre de Marx en 1870, Engels étant venu habiter Londres en automne) :

En toute hâte. Dis à Dupont de répondre aux Marseillais (ci-inclus leur manifeste et leur lettre), au nom du Conseil général, et de leur laver la tête. Qu'il leur envoie en même temps *notre* manifeste ; je lui en ferai parvenir, s'il en a besoin.

Marx, plus tard, devait subir des influences nouvelles et modifier son langage. L'héroïque résistance des travailleurs français — qui heureusement n'avaient pas écouté ses conseils — finit par l'émouvoir. Dans une lettre au *Daily News*, du 16 janvier 1871, il écrivit, presque dans les termes qu'avait employés Bakounine cinq mois plus tôt : « La France — et sa cause est heureusement loin d'être désespérée — combat en ce moment non seulement pour son indépendance nationale, mais pour la liberté de l'Allemagne et de l'Europe. » Après l'armistice du 14 février 1871, il écrivait à Kugelmann (au rebours de ce qu'Engels et lui disaient cinq mois auparavant ; voir la lettre d'Engels du 12 septembre) : « Que la France tienne bon ! Qu'elle utilise l'armistice pour réorganiser son armée, et donne enfin à la guerre un caractère vraiment révolutionnaire, — et le nouvel empire borusso-germanique pourrait bien recevoir un baptême fort inattendu (1). » — Mais cette palinodie peut-elle effacer les paroles de 1870 ?

Aux épanchements intimes des deux grands chefs de la *Sozial-Demokratie* allemande, opposons, pour nous réconforter, le langage d'un véritable « international ». Bakounine avait écrit, le 2 septembre (*Œuvres*, t. II, p. 257) :

Ah ! si la France était envahie par une armée de prolétaires, Allemands, Anglais, Belges, Espagnols, Italiens, portant haut le drapeau du socialisme révolutionnaire et annonçant au monde l'émancipation finale du travail, j'aurais été le premier à crier aux ouvriers de France : « Ouvrez-leur vos bras, ce sont vos frères, et unissez-vous à eux pour balayer les restes pourrissants du monde bourgeois ! » Mais l'invasion qui déshonore la France aujourd'hui, ce n'est point une invasion démocratique et sociale, c'est une invasion aristocratique, monarchique et militaire. Les cinq ou six cent mille soldats allemands qui égorgent la France, à cette heure, sont les sujets obéissants, les esclaves d'un despote qui est tout entiché de son droit divin ; et dirigés, commandés, poussés comme des automates, par des officiers et des généraux sortis de la noblesse la plus insolente du monde, ils sont — demandez-le à vos frères les ouvriers de l'Allemagne (2) — les ennemis les plus féroces du prolétariat. En les recevant pacifiquement, en restant indifférents ou passifs devant cette invasion du despotisme, de l'aristocratie et du militarisme allemands sur le sol de la France, les ouvriers français ne trahiraient pas seulement leur propre dignité, leur propre liberté,

(1) Correspondance de Marx avec Kugelmann.
(2) Hélas ! pourrait-on leur poser encore cette question avec la certitude d'obtenir de la majorité d'entre eux la réponse sur laquelle comptait alors Bakounine ?

7*

leur propre prospérité, avec toutes les espérances d'un meilleur avenir, ils trahiraient encore la cause du prolétariat du monde entier, la cause sainte du socialisme révolutionnaire.

Ajoutons à cette citation ces lignes écrites à Marseille un mois plus tard (*Œuvres*, t. IV, p. 153) :

Je n'ai point l'honneur d'être Français, mais j'avoue que je suis profondément indigné contre toutes ces insultes et profondément désespéré du malheur de la France... Je déplore amèrement le malheur de cette sympathique et grande nature, de ce généreux caractère national, et de cette intelligence lumineuse de la France, qu'on dirait avoir été formés et développés par l'histoire pour qu'ils émancipent le monde. Je déplore le silence qui pourrait être imposé à cette grande voix de la France qui annonçait, à tous ceux qui souffraient et étaient opprimés, la liberté, l'égalité, la fraternité, la justice. Il me semble que si ce grand soleil de la France s'éteignait, il y aurait éclipse partout, et que toutes les lanternes plus ou moins bigarrées qu'allumeront les savants raisonneurs de l'Allemagne ne sauraient compenser cette grande et simple clarté que versait sur le monde l'esprit de la France.

Enfin je suis convaincu que la défaite et l'asservissement de la France, et le triomphe de l'Allemagne assujettie aux Prussiens, feraient retomber toute l'Europe dans les ténèbres, dans la misère et dans l'esclavage des siècles passés. J'en suis tellement convaincu, que je pense que c'est aujourd'hui un devoir sacré pour tout homme qui aime la liberté, et qui veut le triomphe de l'humanité sur la brutalité, de venir, quel que soit son pays, qu'il soit Anglais, Espagnol, Italien, Polonais, Russe, — même Allemand, — prendre part à cette lutte démocratique du peuple français contre l'invasion du despotisme germanique.

C'est sur ces énergiques paroles qu'il convient de laisser le lecteur. Le 9 septembre, quittant Locarno, Bakounine était parti pour Lyon, « résolu d'y porter ses vieux os et d'y jouer sa dernière partie » (Lettre à Adolphe Vogt).

Varlin était accouru à Paris dès le 6 septembre, pour se battre. Il devait être fusillé à Montmartre par les Versaillais, le 28 mai 1871. Avec lui tomba l'Internationale Parisienne, frappée à mort.

FIN

TABLE DES MATIÈRES

www.ingramcontent.com/pod-product-compliance
Ingram Content Group UK Ltd.
Pitfield, Milton Keynes, MK11 3LW, UK
UKHW020005100726
13658UKWH00002B/812